應用心理學的經典、為人處世的典範！

聰明人
為什麼老幹傻事

方東野　校訂

引言

PREFACE

殊途同歸——人性的弱點不分東方西方

不知你身邊是否有這種「天才」，那個傢伙看起來明明像個聰明人，可卻常常糗事連篇，老幹出一些傻事來！為什麼呢，真叫人百思不解！

其實，說穿了就是：方法可能沒什麼不對，可是在執行上卻產生了極大的落差，說白了，就是不懂人類這種表裡不一的特質，也就是不懂人性的奧妙。因此，凡事都以常識（常理）去判斷，就不免會弄巧成拙，而發生「聰明人為什麼老幹傻事」的荒唐事兒了。

20世紀上半葉，世界同時出現了兩位探討人性弱點的大師，一個叫李宗吾，一個叫卡耐基，被稱為「東西雙璧」。

這兩個傢伙乍看之下，風馬牛不相干，幾乎沒什麼共同之處：一個中國人，一個美國佬；一個在地球這頭，一個在地球那端；一個瓜皮小帽兒，一個西裝革履；一個受儒家文化的真傳，一個受西方人文思想的薰陶；一個對封建官場深惡痛絕，一個卻與政客富賈過從甚密……但是，這一切，並不妨礙他們同樣把研究人性作為自己畢生的事業。

他們堪稱人性探幽的大師，他們的著作都影響了、並且仍然在影響著無以計數渴望成功的人。

人性中有很多弱點，這些弱點如同自然界生物的天敵，在不知不覺中腐蝕著我們成功的可能性。只有洞悉人性的弱點，才能利用人性的優點；只有利用人性的優點，才能獲得成功。

《厚黑學》開篇即「直露」的點破人性：「我自讀書識字以來，想成為英雄豪傑。求之四書五經，茫無所得；求之諸子百家，與夫廿四史，仍無所得。以為古之為英雄豪傑者，必有不傳之祕，不過吾人生性愚魯，尋他不出罷了。窮索冥搜，忘寢廢食，如是者有年。一日偶然想起三國，想起三國時幾個人物，不覺恍然大悟曰：『得之矣，得之矣，古之為英雄豪傑者，不過面厚心黑而已。』」

卡耐基在長期的培訓和調查中也發現：得到報酬最高的人，往往不是懂得哪種專業最多的人。一個人的成功，約有85%靠的是良好的人際關係，那就是對人性的駕馭能力。但在具體做法上，卡耐基顧得比大張旗鼓講厚黑的李宗吾要含蓄一些，涉及的都是一些怎樣使人喜歡你、怎樣不傷感情、怎樣改變他人、怎樣更容易交到朋友、怎樣獲得別人的同情和支持等輕鬆的人性話題。

兩位大師都以超人的智慧，重新審視了人性的隱祕幽深之處，只是審視的視角不盡相同。也許正是視角不同，我們才能更清楚地參悟人性，運用人性。也正因如此，他們的著作才稱得上是人性姊妹篇。

卡耐基深諳人性的弱點。他告訴我們：認清人性中的弱點，辦事的時候針對這些弱點下手，就能事半功倍，順利成功。但「中學西用」，有時也難免會有人性的落差，西方人的思考與東方人的思考，往往會有差異，畢竟不會是一致完全相合的。

李宗吾也懂得人性，而且更懂得中國人的人性，更能克服國人的弱點，從而揚長避短，只要好好由各種範例中，去領悟厚黑學的巧勁與深刻內涵，即可發揮其應用之良好效應！

只要把《厚黑學》和《人性的弱點》結合起來，可說是中西合璧，水到渠成，天衣無縫，不僅能夠助你打通「任督」二脈，還能幫你在最短的時間內修煉一門步入成功殿堂的絕世內功。

人性有時候是矛盾的，既柔順又有點韌性。中國人的人性更好比竹子，是最柔順的，也是最固執的。所以有時既要來點軟的，又要來點硬的。卡通片中常有這樣的鏡頭：騎驢的人為了讓驢子前進，會在驢子的前方懸著胡蘿蔔。驢子因為想吃到胡蘿蔔，自然會向前跑。如果驢子發現了人的詭計，那麼騎驢的人就要用鞭子猛抽。要使人樂為我用，就要軟硬兼施，雙管齊下。

自私是人的一種天性。看到金錢、美色，沒有人不動心。這種自私的天性是很難改變的。看到財色時，人第一想到的就是據為己有。真正的厚黑者會順應這種自私的人性，先給他一些甜頭，然後從中得到更大的利益。也就是說，必須具有「捨得孩子套住狼」的魄力。

卡耐基和李宗吾兩位大師的言傳身教：一位側重於分析應如何選擇、瞄準「人性的弱點」這個靶子；另一位則側重於教給我們如何製造、使用「厚黑」這柄利箭。兩者互為補充，相輔相成。只要掌握了人性弱點的新邏輯思維，你的人生將會立於不敗之地！

目錄

CONTENTS

ch.5 人們大都盲目崇拜大人物

ch.6 高手會利用本身的不足

ch.1
只有人這種動物，才會愛面子

1 自找台階，給人台階

人都是愛面子的。他人出乖露醜，主動打打圓場；他人陷入窘境，主動解圍，給他找個台階，讓他少丟些面子，從而把事情擺平。這是受人歡迎的圓場救火之術。

在社交活動中，使當事人免丟面子，是圓場的一大原則。然而，台階怎麼個給法，圓場應該怎麼打，並不是所有的朋友都很清楚。

這裏有幾種常用的厚黑技巧，大家可以一試：

一、調侃自嘲，低調退出，自找台階。

如果在場面上下不了台的事，是因自己不小心而發生的，那只有自己來解決了。

一群二十年後相見的老同學，其中有位女同學不久前丈夫因病去世，而當年追求過她的男同學並不知道，因而在玩笑中一無顧忌地打趣她的先生。另一同學知情，連忙阻止。但他不知其詳，玩笑開得更厲害。最後那位阻止的同學只得說出了實情。這男同學頓感無地自容，非常尷尬。不過他迅速回過神，先是在自己臉上打了一下，之後自我調侃地說：「你看我這張嘴，幾十年過去了，還和當年一樣，口沒遮攔地，不知高低深淺，只知道胡說八道。真是該打嘴！」女同學見狀，雖有說不出的苦澀，仍大度地原諒了老同學的唐突，苦笑著說：「不知者不為怪！事情過去很久了，現在可以不提它了。」

一旦因自己失誤而造成不好下台，最聰明的辦法是：多些調侃，少些掩飾；多些自嘲，少些自以為是；多些低姿態，少些趾高氣揚。像上面無意中觸人隱痛的男士那樣，用自嘲之法，低調退出，便容易輕鬆地找到可下的台階。

誰都可能碰上難下台階的情境。要給自己找個台階，所有的好方法中有個共同點：在窘境中及時調整思路，選擇一個巧妙的角度，改變眼前的被動局面，爭取主動下台的梯階。

二、擅用虛榮心，以恭維圓場。

古往今年，無論君子、小人，都愛聽話好。有時當事人十分懊惱或不快時，只要旁人說幾句得體的美言，便可天開雲散了。

一次，解縉陪朱元璋在金水河釣魚，整整一個上午一無所獲。朱元璋十分懊喪，便命解縉寫詩紀之。為了不讓天子掃興，這詩怎麼寫？解縉不愧為才子，稍加思索，立刻信口念道：「數尺綸絲入水中，金鉤拋去永無蹤；凡魚不敢朝天子，萬歲君王只釣龍。」

朱元璋一聽，頓時龍顏大悅。

南朝宋文帝在天泉池釣魚，半天沒有任何收穫，心中不免惆悵。王景見狀便說：「這實在是因為釣魚人太清廉了，所以釣不著貪圖誘餌的魚。」

一句話，說得文帝也是高高興興地回宮去了。

三、善用假設，巧避鋒芒。

在特定的交際場合，有時礙於面子，有時把握不準，這時可以用假設句表達。

甲有兩個朋友乙和丙，不料這兩人反目成仇。一天，乙對甲說，丙在眾人面前說甲的壞話並揭其隱私。甲聽後半信半疑：罵丙吧，怕冤枉好人；不罵吧，一來怒氣難消，二來怕乙尷尬。他琢磨了一會兒，說了一句兩全其美的假設句：「如果那樣，丙這人可不怎麼樣！」

有時，與上司或同事辯論，你認定自己的觀點絕對正確，不能讓步，可是出於禮貌，不能再堅持。在這兩難境地，假設句可說是最好的解圍方式。

一個學生和老師爭論先有雞還是先有蛋，老師一口咬定先有雞才能下蛋。學生卻認為沒有蛋哪會孵出雞，很長時間不能說服老師，又見老師似有怒意，為了結束爭論，給老師一個台階下，他巧妙地說：「如果老師說得正確，那我肯定是錯了。」這本是一句廢話，它並沒有肯定老師的觀點，這位老師聽了，卻不再爭執。

四、主動背黑鍋，化干戈為玉帛。

領導與下屬之間發生的糾紛，有時只要主動承擔責任，就可以化解雙方的矛盾。與人交際，很多場合容易讓人讓己難堪，比如指責、批評、拒絕等。這個時候是對一個人為人處世能力的檢驗。凡在類似的場合擅打圓場者，一般說來，肯定人際關係都會十分圓融的。反之，則應該自省一番，人際關係搞不好的人，不止做事困難，還會處處碰壁。因此，做事之前先學學怎樣做人吧！

2 人人愛聽好話

好話人人愛聽，這是常理。正如李宗吾所說：「逢人短命，遇貨添錢。諸君想都知道，假如你遇著一個人，你問他尊齡？他答：『今年五十歲了。』你說：『看你先生的面貌，只像三十幾的人，最多不過四十歲罷了。』他聽了，一定很歡喜，是之謂『逢人短命』。又如走到朋友家中，看見一張桌子，問他多少錢買的？他答道：『花了四塊錢。』你說：『這張桌子，能值八元；再買得好，也要六元。你真是會買！』他聽了一定很歡喜，是之謂『遇貨添錢』。」

在中國古老的傳統裏，把讚美別人以期獲得辦事方便的人叫作馬屁精，至少也是阿諛奉承。所以，一直以來我們都不會好好使用這把利器。

但是，這種手段並不像你想像的那樣卑鄙。比如你工作的單位裏有一個人對你一直懷有偏見，處處與你為難。你當然不想身邊有這樣一個對頭，那怎麼辦呢？最好的辦法還是找找這個人有什麼最喜歡或最拿手的事，比如他喜歡喝咖啡，或是在股票方面有專長，那就向他請教咖啡與股票的事，並讚美他在這些方面的成就。他會興奮起來，大說特說。你再順勢表達你的欽佩，最後請他教教你。下次再找一些有深度的問題向他請教。這樣一兩次後，他再也不會處處與你為難了，甚至引你為知交好友。

總之，認清和利用人性的弱點很重要而且有效，是「化敵為友」的一把利器。

《韓非子》有一段話，論述了一大臣取得寵幸的手段，大意是：凡是奸臣，都想順從君主的心意，以取得君主的親幸和權勢。因此，君主所喜歡的東西，就加以讚美、吹捧；君主所憎惡的東西，就加以詆毀、攻擊。人大概都是這樣：贊成什麼、反對什麼，彼此意見一致，就會相互肯定；贊成和反對若不一致，就會相互否定。大臣所讚譽的，正是君主所喜歡的，大臣所詆毀的，正是君主厭惡的，大臣同君主的好惡完全相同，這正是大臣取得信任和寵幸的途徑。

誰都知道，隋煬帝楊廣是中國歷史上最為奢侈荒淫的一個皇帝。可他在登上帝位之前，還曾經給他的父親隋文帝留下一個生活儉樸的印象。看來，對於有權有勢的老爸的馬屁也得拍拍。

隋文帝乃開國之君，生性節儉，對於已被立為太子的長子楊勇，衣飾穿著十分華貴很是不滿，曾告誡他說：「自古帝王，從來沒有生活奢侈而能長久的。你是太子，要以儉約為先。」並送給他一件當年的舊衣服和打仗時所吃的醃菜一盒，讓他不要忘了創業時的艱苦。而文帝的老伴獨孤皇后則是最憎惡男人親近女色，對太子嬪妃眾多也很反感。

當時老二的楊廣正陰謀奪取太子的位置，他看出了父母的好惡以後，便刻意迎合，虛情矯飾，把自己扮裝成一副十分儉樸規矩的模樣。每當父母來到他的居所，他便事先將自己那眾多的寵姬美妾以及他們所生的子女另藏別處，只留下正妃蕭妃在身邊，連往來侍候的奴婢也都是一些長得很一般的女子，穿戴樸實無華。室內原有的華麗陳設全部撤下，一律換上陳舊的家什，樂器上的浮塵也故意不擦，還故意將琴弦弄斷，彷彿好長時間無人玩弄一樣。文帝老兩口果然上當了，對大臣們一再誇讚他的這個兒子如何不近女色，不喜逸樂聲樂。

楊廣就用這種手段，擠掉了大阿哥楊勇，將太子的位置納入掌中。

3 適時送出高帽子

高帽子人人愛戴，馬屁卻不是人人會拍。

歷史上有許多的表忠心不得要領的例子。

武則天時，司禮卿崔宣禮被酷吏來俊臣誣告謀反。後來，武則天發覺這是一場冤案，便沒有將其處死，只將他流放至夷陵。照說此案到此已經了解，偏偏崔宣禮的外甥、殿中侍御史霍獻可一再請求殺掉自己的舅舅，甚至說：「陛下不殺崔宣禮，臣就當著陛下的面自殺！」一邊說邊以頭叩撞殿前的石階，流了不少血。他大概沒有其它迎奉的本錢，竟要以自己舅舅的性命作為討皇帝開心的手段。幸虧武則天並沒有聽他的，當然這種人也沒有跑去上吊。

他要多少有點廉恥，就應該偃旗息鼓，別再提此事。偏偏此公寡廉鮮恥，以陷害舅舅為榮。他用一塊綠布將傷口包裹起來之後，戴頭巾又故意斜一點，將綠布露出一點在外面，希望讓武則天看到，賞識他的忠誠。

人到了晚年都怕死，都想長壽，帝王也概莫能外。年老的武則天，對於那些預言她將長壽的人，從來是不吝賞賜的。

朱前疑原不過是一名普通百姓，別無所長，卻又夢想榮貴，便挖空心思想點子。他大約也懂得老年人的這種心理，便對武則天說：「臣夢見陛下壽滿八百歲。」果然一語中的，討得了武則天的高興，賞了他一個八品的小官銜。

嘗到了甜頭，他便不肯撒手，又一次上書，聲稱：「臣夢見陛下白髮變黑，落齒再生。」於是又被提升一級，當了個駕部郎中，掌管宮中馬牛雜畜飼養之類的差事。看到編造夢話竟是通向仕途的捷徑，他更是一發而不可收，又第三次上書，說什麼他「聽見嵩山高呼萬歲」等鬼話。又被賜以五品官才能配帶的紅色帶子。

世上沒有人能對拍馬屁無動於衷，只看馬屁拍得巧不巧。因此，你一方面必須把握馬屁的機會，一方面又必須研究拍馬屁的技巧。雙管齊下，自有無窮妙處。

對初次見面的人，哪一種讚美最有效？最好避免以對方的人品或性格為對象，而稱讚他過去的成就、作為等看得見的具體事物。

讚美對方「你真是個好人」，即使言出由衷，對方也容易產生「才第一次見面，你怎麼知道我是好人」的疑念，心生戒備。讚美他過去的成就或為，情況就不同了。讚美這種既成的事實與交情的深淺無關，對方也比較容易接受。也就是說，不是直接稱讚對方，而是稱讚與對方有關的事物，這種間接奉承在初次見面時比較有效。

要恰如其分地讚美人很不容易。稱讚若不得法，反而會遭到排斥。為了讓對方坦然說出心裏話，必須找出對方引以自豪，喜歡被人稱讚的地方，然後對此大加讚美。在尚未確定對方最引以自豪之處前，最好不要胡亂稱讚，以免自討沒趣。試想，一位原本已經為身材發福走樣而苦惱的女性，聽到別人讚美她苗條、纖細，又怎會高興？

另外，從第三者口中得到的情報有時在初次見到對方時能起到重要的作用。但要注意，應避開那些陳腔爛調的討好之詞，而大大地讚美他較不為人所知的一面。一個將軍，一聽到別人稱讚他美麗的鬍鬚會大為高興，對有關他作戰方式的讚譽卻可能不放在心上。這種心理，每個人都有。讚美一位將軍英勇善戰、富於謀略，他身為一個軍人，聽來只是讚歌中的同一支曲子，不會使他產生自我擴張感。反之，對他軍事才能以外的地方大加讚賞，等於在讚詞中增加了新條目，他便會感到無比滿足。

溜鬚拍馬的人總是通過甜言蜜語、花言巧語，使對方在不知不覺或輕鬆愉快中入耳入腦而變得春風得意或忘乎所以。有時，一個人做了一件事，自己拿不準是對是錯，如果有人趁機貢獻幾句好話，他就會飄飄然，大有「深獲我心」的知遇感，不禁發出「知我者，閣下也」的慨歎。

古今中外，能夠「聞過則喜」的人很少，聽到別人讚美自己而欣然大悅的人又太多了。在這種心理背景下，雖然明知阿諛奉承的人大都言非心聲，甚至可能別有用心，卻仍然願意或樂意姑妄聽之，自我陶醉。這大概就是對阿諛諂媚既懷深惡痛切之心，又樂於洗耳恭聽的主要原因。

衝著人們這層心理，酒廊、舞廳、俱樂部的服務小姐對待上門捧場的客人，左一句「老闆」，右一聲「董事長」，不知振奮了多少男人的心。她們口中的稱呼雖是職業性的奉承，仍令承受者飄飄欲仙，有如真的當上了老闆、董事長了呢！

讚美的話語，一般來說都是善意的，即便溢美之辭，也大多是好意，效果通常甚佳。一棵小歪脖樹，你誇它美，它絕不會盲目自大起來，往更歪處長，必會竭盡全力直起身子來。孩子越誇越聰明。一個跛腳孩子，你說：「多堅強的孩子啊！」這孩子聽了，絕不會蠢到認為越跛越美麗，而是會加倍鍛鍊矯正自己。

某百貨公司的時裝專櫃，一段時間，客人紛紛投書指責售貨小姐服務態度不佳。專櫃主任的解決方式真是與眾不同，而且效果驚人。他沒有指責那些售貨小姐，反而大肆讚揚：「今天有位客人稱讚你服務親切，希望今後繼續努力。」這麼一來，她的待客態度便會大為改變，笑臉迎向任何客人，從而使業務蒸蒸日上。

這位主任可說已巧妙地掌握女性心理。一般來講，女性被人指責說：「你要改掉什麼什麼缺點！」她們甚至會覺得全部人格都遭到否定，很容易反抗或哭泣。反之，如稍加稱讚，她們便會神采飛揚，變得非常積極。想糾正女性的缺點，不要直接指出，卻要稱讚她的優點。這一點非常重要。如此一來，她們必會更加發揮優點，同時也改掉了本來的缺點。

總之，恭維是一種型號齊全的萬能鑰匙，用處多多，靈驗無比。不過，恭維的時候，要注意：「男女有別」。

單就與恭維密切相關的虛榮心來講，男女就有一定的差異。男人要面子、好虛榮，多表現在追逐功名、顯示能力、展示個性以顯瀟灑和能人之形象方面；女人則表現在對容貌、衣著的刻意追求或身邊伴個白馬王子以示魅力無比。男人要面子、好虛榮，毫不遮掩，有時甚至坦率得令人吃驚；女子則總是遮遮掩掩、羞羞答答，「猶抱琵琶半遮面」。女性對於面子、虛榮總有幾分保留，男子則是全力以赴，去求追面子，好似他老兄一輩子的人生目標就是「掙面子」。

4 話中有話多思量

生活中有許多話不能直接說出來，得靠暗示表達。於是便有一語雙關、含沙射影、指桑罵槐等旁敲側擊的藝術性語言。

一九七二年，正在蘇聯訪問的美國總統尼克森要轉到其它城市。蘇共總書記布里滋涅夫到莫斯科機場送行。正在這時，飛機出現故障，一個引擎怎麼也發動不起來。機場地勤人員馬上進行緊急檢修。尼克森一行只得推遲登機。

布里滋涅夫遠遠看著，眉頭越皺越緊。為了掩飾自己的窘境，他故作輕鬆地說：「總統先生，真對不起，耽誤了你的時間！」一面說著，一面指著飛機場上忙碌的人群問道：「你看，我應該怎樣處分他們？」

「不！」尼克森回答：「應該嘉勉！要不是他們在起飛前發現故障，飛機一旦升空，那該多麼可怕啊！」一句美式幽默，頓時化解了尷尬。

接話很簡單，可以回答，可以附和。解話似也不難，除了直言明意易於理解外，「聽話聽聲，鑼鼓聽音」，也能幫你聽出言外之意。但在實際交談中，並不是每個人都能接話恰當的。

接話的正確與否，除了說話者自身的修養及駕馭語言的能力外，很大程度還取決於「解話」的準確與否。切不可小看「解話」錯誤的後果。那不僅是製造幾個笑話的小事，還可能影響到人際交往是否會產生矛盾和誤會。

誤解的可能性要求我們在表達時，不但要注意字面是否得體，也要注意可能出現的話中隱涵是否恰當。例如，有一句流行的廣告詞「嘉士伯可能是世界上最好的啤酒」。有人認為這句廣告詞說得實在，沒有誇大其辭。但如果我們從另一隱涵的角度看，毛病就出現了。根據量的準則，該句話也可引申出「嘉士伯不一定是世界上最好的啤酒」，意即「嘉士伯可能不是世界上最好的啤酒」。顯然，這是廣告主和作者所不願接受的無用內涵。

日常生活中，直接辱罵，聽話人當然很容易能聽出來。如果說話人是利用隱涵之言侮辱人，聽話人就應注意了。聽話人要善於聽出對方的惡意，必要時「以其人之道還治其人之身」，給對方一個含蓄的回擊。

據說，有一位商人見到猶太詩人海涅，對他說：「我最近去了塔希提島。你知道島上最能引起我注意的是什麼嗎？」海涅回道：「你說吧，是什麼？」商人說：「在那個島上呀，既沒有猶太人，也沒有驢子！」海涅立刻回馬一槍：「那好辦。要是我們一起去塔希提島，就可以彌補這個缺陷。」這裏商人把「猶太人」與「驢子」相提並論，顯然是暗罵「猶太人與驢子一樣」。海涅聽出了對方的侮辱和取笑，回答時話裏有話，暗示這個商人是個驢子，使其自討沒趣。

遇到小人含沙射影，指桑罵槐，我們可採用以下策略：

一、以牙還牙。

及時巧妙地抓住對方講話內容中的漏洞反戈一擊，以解脫你的窘境。

安徒生平日十分簡樸。有一次，他戴著一頂破帽子在街上行走。有個過路人取笑他：「你腦袋上邊那玩意兒是什麼？能算是帽子嗎？」安徒生隨即回敬道：「你帽子下面那玩意兒是什麼？能算是腦袋嗎？」安徒生這一答話是沿用對方譏笑的句式譏笑對方，使旁觀者痛快淋漓，覺得酣暢。

二、以退為進。

交談中，表面退縮，有時是為了更有力地反擊。就像拉弓射箭，先把手往後拉，是為了更有力地把箭射出。

齊國晏子出使楚國，因身材矮小，被楚王嘲諷：「難道齊國沒有人了嗎？」晏子回道：「齊國首都大街上的行人，一舉袖子能把太陽遮住，流的汗像下雨一樣，摩肩接踵，怎會沒有人？」楚王繼續揶揄道：「既然人這麼多，怎麼派你這樣的人來出使？」晏子回答：「我們齊王總是派最有本領的人到最賢明的國君那裏，最沒出息的人到最差的國君那裏。我是齊國最沒出息的人，因此被派到楚國來了。」幾句話，說得楚王面紅耳赤，自覺沒趣。故事中，晏子的答案就是採用以退為進之法，貌似貶自己最沒出息，實則是譏諷楚王治國無能，以退為進，綿裏藏針，使楚王大受奚落。

三、以柔克剛。

例如，甲乙兩人關係不好，老是看對方不順眼。一次，兩人在小巷中狹路相逢。甲傲慢地說：「我就不讓路，看你能怎麼樣？能把我吃掉嗎？」乙慢條斯理地說：「我當然不能吃你，因為我是回教徒。」乙的回答看似妥協，實則暗罵「你是豬」！

話裏藏話，總體上有兩個基本功：一、是能夠聽出對方的弦外之音，惡毒之意，否則便會成為笑柄，白白被人耍了，自己還陪著笑臉。二、是要委婉含蓄地表達自己，讓聽話之人心領神會，明白你話中的鋒芒所在。你的敵人發出的旁敲側擊之音，暗含惡毒之意，這是一種無形的霹靂，甚至會讓你身敗名裂，萬萬不可小瞧。對待居心不良的暗算，上策便是接鏢有術，且還以顏色。維護自己的名聲和面子，是自我保護，立足於世的必備功夫。

5 說話只須點到為止

和人打交道，善聽弦外之音，又會傳達言外之意，是最奧妙的人際關係操縱術。老於世故之人大都擅長話裏有話，一語雙關，無須多言直語，即能讓你心裏明明白白；高明的人慣用含沙射影，指桑罵槐，用話中之刺讓你下不了台。不管說話之人是否故意暗藏玄機，聽話者必須弄明白他的真實意圖，方能應對恰當。腦子不清，耳朵不靈，難免多遇難堪。話裏藏話，旁敲側擊是聰明人的「遊戲」，笨人玩不了。腦子不靈光，煞風景自不必說，落笑柄更是常有的事。旁敲側擊乃「妙接飛鏢又暗中回擲」的高超人際交往術，是機智聰明者才能駕馭的厚黑功夫。

社會是複雜的，我們總會遇到一些不平之事、不公之人，又不能不表達我們的不滿；對自己親近的人，有時候也需要巧加指責，讓對方明白。但如何表達這種不滿，有一定的學問。特別是對於一些非原則性的問題，要做到既能表達出不滿，又不至於破壞和諧的人際關係，確實不容易。話裏藏話、旁敲側擊不失為一種理想的武器。

一、側面點撥。

即不直言相告，而是從側面委婉地點撥，使對方明白自己的不滿。

甲與乙是一對好朋友，彼此都視對方為知己。有一次，同一單位的青年丙對甲說：「甲，我總覺得乙這小子為人有點太認真了，簡直到了頑固的地步，你說是不是？」甲一聽丙的話頓生反感，心想：你這小子在背地裏貶損我的好朋友，缺德不缺德？但他又不好發作，於是假裝一本正經地說：「那，我先問你，我在背後和你議論我的好朋友，他要是知道了，會不會和我反目成仇？」丙一聽這話，臉「刷」地一紅，很識趣地溜了。

這裏甲就使用了委婉點撥的技巧。面對丙的發問，他沒有直接回答「是」或「不是」，而是話題一轉，出了個難題，以點撥對方，既暗示了「乙是我的好朋友，我是不會和你一起議論他的」，又隱含了對丙背後議論、貶損乙的不滿。

二、類比警告。

即以兩種事物具有的某一相似點作比，暗示對方言行的失當。

甲公司的經理在一次業務談判中，受到乙公司工作人員的頂撞。他氣沖沖地給乙公司的經理打電話說：「如果你們不向我保證，撤了那個蠻橫無禮的傢伙，那就是沒有和我們公司達成協定的誠意。」乙公司的經理聽了，微微一笑說：「經理先生，對於工作人員的態度問題，是批評教育還是撤職處理，完全是我們公司的內部事務，無需向貴公司做什麼保證。這就同我們並不要求你們的董事會一定要撤換與我們公司的工作人員有過衝突的經理，才算是你們具有與我們達成協定的誠意一樣。」

甲公司的經理一聽，頓時啞口無言。

在這裏，乙公司的經理很適時地使用了類比的技巧。雖說甲乙兩公司有很多不同之處，有一點卻是相似的，即兩公司對工作人員或經理的處分，完全是各公司的內部事務，與對對方有沒有誠意無關。乙公司的經理就是抓住了這一相似點作對比，表明了對方所提要求的過分和無理。

三、柔性敲打。

有些女孩子喜歡動不動就生男友的氣，以顯示自己很有個性。如果她們是父母的掌上明珠，或是兄長的嬌妹妹，就更是不能容忍別人對她們的頂撞。有些癡情的男孩因為自己的某句話引起女友的不快，生怕得罪了「公主」，會忙不迭地賠禮道歉；更有甚者，會貶低自己，請求原諒，以示對戀人的忠貞。其實大可不必如此。

某局長的千金小麗和父親的下屬小李談戀愛，常常顯示出某種優越感。小李是農家子弟，大學畢業後考進局裏當科員，沒什麼靠山。有一次，小麗到小李家做客，對小李家的一些生活習慣流露出看不順眼的情緒，並不時在小李耳邊嘀嘀咕咕。吃過晚飯，把小李的妹妹使喚得團團轉，一派大小姐要人服侍的德性。小李看在眼裏，很不是滋味。他藉機笑著對妹妹說：「要當師父，先學徒弟嘛！你現在加緊培訓一下也好，等將來你嫁到別人家裏，也就練好師父的工夫了。」小麗一聽，也察覺出自己有些過分。

四、幽默提醒。

有這樣一則小幽默：在飯店，一位喜歡挑剔的女人點了一份煎蛋。她對女侍者說：「蛋白要全熟，但蛋黃要全生，還能流動。不要用太多油去煎，鹽要少放，加點胡椒。還有，一定要健康母雞生的新鮮蛋。」

「請問一下，」女侍者溫柔地說：「那隻母雞叫什麼名字？」

在這則小幽默中，女侍者就是使用幽默提醒的技巧。面對愛挑剔的女顧客，她沒有直接表達出不滿，卻是按照對方的思路，提出一個更為荒唐可笑的問題提醒對方：你的要求太過分了，我們無法滿足。從而幽默地表達了對這位女顧客的不滿。

五、無聲語言。

人的交際活動總是在一定的場合中進行。有些交際場合，一經著意選擇與設計，便形成特定的情境，一景、一物、一首歌、一幅畫等，都滲透著交際者的意圖，直接或間接地作用於交際活動，為交際的主動服務。

「情境」在交際中雖然表達的是一種弦外音、畫外意，但其表達功能還是十分鮮明的，並且具有多方面的用途，無論是政治、軍事，還是商業買賣或日常生活，用得好，常能收到奇效。

有時出於軍事或商貿的需要，有些意思不宜明確表達，巧設交際情境，施計用謀，便可出奇致勝，實現目的。

《三國演義》中的空城計是人們熟知的：司馬懿引大軍十五萬，往西城蜂擁而來。諸葛亮當時就在城中，身邊無大將，只有一班文官和二千五百名守軍。在這危機關頭，他果斷傳令，將旌旗盡皆隱匿，大開城門，由二十餘軍士扮作百姓，灑掃街道，然後親自登上城樓，焚香操琴。司馬懿來到城下，見此情景，疑有埋伏，揮師退去。這裏，諸葛亮就是大膽地利用了城門大開、百姓掃街、城樓操琴的特定情境，讓對方得出必有埋伏的誤解，從而保住了城池。這種情境的妙用，雖係不得已而用之，卻產生了奇效。

六、巧妙還擊。

對對方失當的言行，不當面表達自己的不滿，而是等到以後，選擇或設置一個適當的情景，向對方做出與之相似的言行，然後稍加點撥，使對方明白自己的意圖。

妻子坐在縫紉機旁縫衣服。丈夫在一旁不停地發表意見：「慢……小心點……你的線斷了……把布向左拉……停一下……」

妻子生氣地說：「你幹嘛妨礙我？我會縫！」

「你當然會，親愛的，我只是想讓你體驗一下，每次你教導我擦地板時……我的那種感覺罷了。」

在這裏，丈夫採用的就是設置情境的技巧。當他擦地板時，妻子在一旁指指點點、吆五喝六，儼然一副總指揮的架式。也許是不願當面拂妻子的面子，他沒有表達自己的不滿，而是在之後抓住妻子做縫紉活的機會，設置一個與當時相似的情境，讓妻子也體驗一下受人驅使、聽人吆喝的感覺，巧妙地表達了對妻子好為人師的不滿。

6 表達不滿，自有分寸

在人際關係中，出於各種原因，有時必須駁人面子。這種事如處理不當，便容易得罪人。別人有虧於你，應該「得饒人處且饒人」，但「饒人」的表示不能生硬，要委婉含蓄。利用話裏藏話暗示，是時刻離不開的奧妙技巧。

求人的人由於種種原因，往往會不好意思直接開口，遂用暗示投石問路。這時你如果不想幫忙，最好也用暗示加以拒絕。

兩個打工的老鄉找到在城裏工作的李某，訴說打工之艱難，一再說住店住不起，租房又沒有合適的。言外之意是要借宿。

李某聽後，馬上暗示道：「是啊，城裏比不了咱們鄉下，住房可緊了。就拿我來說吧，這麼兩間耳朵眼大的房子，住著三代人。我那上高中的兒子，沒辦法，晚上只得睡沙發。你們大老遠地來看我，本該留你們好好地住上幾天，可是做不到啊！」

兩位老鄉聽後，就非常知趣地離開了。

一般說來，爭辯中佔有明顯優勢的一方，千萬別把話說得過死過硬。即使對方全錯，也最好以雙關影射之言暗示，迫使他認錯道歉，從而體面地結束無益的爭論。

有一個人在一家餐館就餐，發現湯裏有一隻蚊子，不由得大動肝火。他喚來餐館老闆，提出抗議：「這碗湯究竟是給蚊子，還是給我的？」那老闆忙換來一碗湯，謙恭地賠禮道歉。顯然，這個顧客雖占了理，卻沒有對老闆糾纏不休，而是借用所謂蚊子侵權的類比之言暗示對方：「只要你道歉，我就不追究。」這樣自然就十分幽默風趣又得體地化解雙方的窘迫。

在爭論中，占理的一方如兼認為說理已無法消除歧見，不妨用一種強硬的警示性言語以中止爭論，或將一個兩難選擇擺在對方面前，使之失去最後掙扎的基礎。

生物學家巴斯德某次在實驗室工作時，一個男子突然闖進來，指責他誘騙了自己的老婆。爭論中，雙方提出決鬥。清白占理的巴斯德大可將對方趕出門去，或者奮起決鬥。但那樣並不能解決問題，甚至可能造成兩敗俱傷的惡果。

這時巴斯德沈著地說：「我是無辜的……如果你非要決鬥，我就有權選擇武器。」對方同意了。巴斯德指著面前的兩隻燒杯說：「你看這兩隻燒杯，一隻是天花病毒，一隻是淨水。你先選擇一杯喝掉，我再喝餘下的一瓶……」那男子愣住了，一下子陷於難解的死結面前，只得，尷尬地退出了實驗室。無疑地，正是巴斯德所提出的柔中帶刺的難題，最終使決鬥告吹。

有一位周女士因公出差，在火車上與一位看起來挺有涵養的男士坐在一起。這位男士主動和她搭訕。周女士覺得一個人乾坐著也挺乏味的，就和他攀談起來。起初，這位男士還算規矩，只是談談乘車難的感受以及當今社會上一些不合理的現象。

可不知怎地，談著談著，他竟然話題一轉，問了一句涉及隱私的：「你結婚了嗎？」周女士一聽，頓生厭惡，卻只平和地回道：「先生，我聽人說過這樣一句話，前半句是：『對男人不能問收入。』所以我沒有問你的收入。後半句是：『對女人不能問結婚否。』所以，你這個問題我不能回答，請原諒！」那位男士聽她這麼一說，也覺得有點不妥，尷尬地笑了笑，不再說話了。

我們不能不佩服周女士的應變之才。寥寥數語，既表達了對對方的不滿，又沒有令對方下不來台，可謂一舉兩得。

從一個人的表情、舉止等身體語言，能夠看出他的內心世界。戀人往往能從對方的一舉一動甚至一言一笑中體察到其內心的情感。男友觀看節目，總喜歡滔滔不絕地發表評論，女友可以用恰當的身體語言表示內心的不滿。比如神情專注地觀看節目，表示無法分心聽他的高論，或者找一本雜誌來看，以轉移視線，表示興趣不一。慢慢地，他就會因為自己沒有聽眾，就此打住。

7 甘蔗可以兩頭甜

人際關係存在著一個「成本」，最好能降低成本或不用投入也可獲得人心。扮可憐博得同情、用廉價的稱讚賺取高貴之物、賞個虛頭銜鼓勵幹勁、對名人強者明貶實褒以加深印象，都是極妙的厚黑賣乖之法。

在商業領域中賣乖常能出奇制勝，以小換大。比如捐助、義賣、讓利等等公益活動，表面上資助非盈利甚至「倒貼」的社會公益事業，「無私地」奉獻出愛心，實際上所起的廣告效應，遠遠大於同等成本的「硬性」廣告。並且，「硬」廣告只是讓人知道，「軟」廣告卻能在出名的同時，獲得大眾的好感與支持。

賣乖的至上功夫莫過於此：明明是想佔便宜，甚至致人於死地，給人的感覺卻是在施恩。不明示自己的利益，卻將它裝飾成其他人的利益，使自己受恩時，看起來像是在幫別人的忙。

卡耐基的一次經歷，可以作為賣乖的典範：

「我每季都要在紐約的某家大飯店，連續租用他們的大禮堂二十個晚上，用以講授社交訓練課程。

「有一季度，我正要開課之際，忽然接到通知，要我付比原來多三倍的租金。這個消息到來以前，入場券已經印好，而且發出去了，其它準備開課的事宜也已辦妥。怎麼交涉呢？飯店經理感興趣的是他想要的東西。兩天後，我去找他。

「『接到你們的通知時，我有點震驚……』我說：『不過，這不怪你。假如我處在你的地位，或許也會寫出同樣的通知。你是這家飯店的經理，你的責任是讓飯店盡可能盈利。不這麼做，你的經理職位恐怕很難保住。你若堅持要增加租金，且先讓我們合計一下，這樣做對你有利還是不利。

「『先講有利的一面。大禮堂不租給講課的，而租給人辦舞會、晚會，當然你可以獲得更多的收入。因為舉行這類活動的時間不長，他們能一次付出很高的租金，比我這租金當然多得多。租給我，顯然你吃大虧了。

「『再考慮一下不利的一面。你增加租金，卻是降低了收入。因為實際上你等於把我攆跑了。由於我付不起你所要的租金，我勢必再找別的地方舉辦訓練班。

「『還有一件對你不利的事。這個訓練班將吸引成千有文化、受過教育的中上層管理人員到你的旅館來聽課，對你來說，這難道不是起了不花錢的廣告作用嗎？事實上，假如你花五千元在報紙上登廣告，也不可能邀請這麼多人到你的旅館參觀。可我的訓練班幫你邀請來了，這難道不合算嗎？』講完後，我向他告辭：『請仔細考慮後再答覆我。』當然，最後經理讓步了。

「這裏我要請你們注意，我獲得成功的過程中，沒有談到一句關於我要什麼的話。我是站在他的角度想問題的。」

把他人的利益放在明處，自己的實惠落在暗處，既可達到自己的目的，又可放給對方人情。賣乖確是最精明的操縱之術。

有一種迎合雙邊心理的賣乖，其關鍵在於主動操縱人心，善於抓住雙方的心理巧妙圓場，兩頭落好。只要賣乖的功夫做到家，做事主動些，甘蔗也可兩頭甜。

小孩扮可憐，容易得到同情。其實老人家也不遜於小孩子。

傍晚，喬治看見一個衣著襤褸的老人在酒吧間外一個積水約50公分深的水坑裏釣魚。喬治好奇地站住了。所有經過這位釣魚人身邊的人，都當他是個傻瓜。

喬治不禁動了憐憫之心，和藹地對老人家說：「老人家，你願意進酒吧間和我喝一杯嗎？」老人家很高興地接受了他的邀請。喬治給老人家叫了一杯酒，然後問道：「今天你釣到幾條魚了？」老人家幽默地回答：「你是第8條啊！」

8 小事也可以落個大人情

孟嘗君的門客馮諼起初不被重用，牢騷滿腹，後來因機智而得到禮遇。一次，孟嘗君要派人去封地薛邑討債。馮諼自薦，且問道：「討回來的錢，需要買什麼東西？」孟嘗君回答：「就買點我們家沒有的東西。」馮諼領命而去，結果當場把債券燒了，一文不取。貧困的薛邑老百姓沒有料到孟嘗君如此仁德，個個感激涕零。馮諼回來，孟嘗君問：「討的利錢呢？」馮諼回答：「不僅利錢沒討回，借債的債券也燒了。」孟嘗君很不高興。馮諼說：「您不是吩咐說，要我買家中沒有的東西嗎？我已經給您買回來了，那就是『義』。焚毀了債券，對您沒什麼影響，卻買來了仁義，對您收攬民心可是大有好處啊！」

數年後，孟嘗君被人誣陷，相位丟了，回到封地薛邑。老百姓聽說孟嘗君回來了，全城出動，夾道歡迎。孟嘗君非常感動，這時才理解了馮諼「買義」的苦心。

某企業董事長家裏，每到年底，都會收到堆積如山的贈品。這些禮物讓他大傷腦筋。有一年歲末，這位董事長收到一件意外的禮物——「芭比娃娃」新款式。這禮物不送給董事長而送給他的女兒，令他深感送禮者的誠意。

某人出席某電子公司主辦的演講會。演講後，他對到車站送行的主辦單位派出的人員無意中提起「我母親目前住院……」第二天，也不知演講會的主辦經理怎樣打聽到的，竟然到他的母親入住的醫院探病。此人在震驚於主辦者意想不到的好意之同時，感激之情溢於言表。

從這兩段故事中可以發現，對有直接利害關係的一方送禮，對方雖然接受了，卻可能覺得：「這小子是何居心？」從而產生了警戒心。反之，不對其本人而對他的家人表示深切的關注，對方會想：「看！人家用心到這樣的地步。」較之自己的被厚待更加感動。「射人先射馬。」厚待當事者親近的人，是一種效果極大的手段。

某公司接待客戶，總是連客戶的太太一起招待。單單只招待客戶，只不過是利益交換。太太加入了，便變成非正式的關係。更進一步說，是從純商業境地進入友情的境地。而且，參加宴會的太太對公司的周到必定十分感激，這種情緒肯定會傳達給先生。於是，這客戶必會不自覺地對公司「感恩」。

串門子做客是現代交際中一項重要的內容。當你有事要拜訪朋友、同事、同學、上司，或受朋友邀請去他家做客時，你對主人家的主婦並不熟識或交往不深，有沒有想過：如何贏得她的熱情和好感？要知道，主婦並不是你交際的旁觀者而是積極參與者。贏得她的熱情，對於完成交際任務，有很大的作用。假如主婦冷冷冰冰，愛理不理，或者避而不見，那就說明她很不歡迎你。如此，交際效果可想而知。

這時，可在小孩身上動點腦筋。小孩是父母生命的延續，母親對孩子懷有特別的愛，也希望別人能喜歡她的孩子。關心和喜歡主人家的小孩，實際上就是對其父母的尊重。從交際藝術上說，這叫「感情的曲線投入」。做客前，若知道對方有小孩，可根據小孩的年齡帶些禮物，如文具、玩具、生活小幫手等。離開時，除了和主人夫妻致意，也要和小朋友打招呼。

9 捧就是給人面子

李宗吾說：「捧」，就是捧場的捧。像戲臺上曹操出來了，那華歆的迎合舉動，便是絕好的模範。一個「捧」字，暴露了我們的從屬身分和地位。我們身為「小星星」，不但要「大星星」，還得去捧「月亮」。看大人物的面子上是否有光，便知你是否「捧」到家了。

那些弱勢的「眾星」因為勢不如人，有求於人，才會有「捧月」的念頭和需要，想方設法維護月亮的面子和尊嚴，不敢得罪，甚或想主動討個好。為此，不可「居功自傲」；不能只顧下棋，不分對手；不能不長眼色，不會變顏色；甚至還要說好不說歹、報喜不報憂，或替人背黑鍋。

一句話，對「太歲」要敬畏有加，投其所好，更不能去動他一點「土」。說白了，「太歲」或「月亮」便是上司以及類似上司的領導者。

被別人比下去是很令人惱恨的事。所以你的上司被你超過，對你來說，不僅是蠢事，甚而可能產生致命的後果。

龔遂是漢宣帝時代一名能幹的官吏。當時渤海一帶災害連年，百姓不堪忍受，紛紛聚眾造反。當地官員束手無策。宣帝遂派年已七十餘歲的龔遂，去任渤海太守。

龔遂輕車簡從到任，安撫百姓，與民休息，鼓勵農民墾田種桑，規定農家每口種一株榆樹、一百棵茭白、五十棵蔥、一畦韭菜，養兩口母豬、五隻雞。對那些心存戒備，依然帶劍的人，他勸喻道：「幹嘛不把劍賣了，去買頭牛？」

經過幾年的治理，渤海一帶社會安定，百姓安居樂業，龔遂名聲大振。

於是，宣帝召他還朝。他有一個屬吏姓王，請求隨他一同進京，說：「我對你會有好處。」其他屬吏卻不同意，說：「這個人一天到晚喝得醉醺醺的，又好說大話，還是別帶他去的好！」龔遂說：「他想去，就讓他去吧！」

到了長安，這位王先生終日還是沈溺在醉鄉之中，也不見龔遂。有一天，他聽說皇帝要召見龔遂，竟對看門人說：「去將主人叫到我的住處來，我有話對他說！」

龔遂也不計較，果真來了。

王某問道：「天子如果問大人如何治理渤海，大人當如何回答？」

龔遂說：「我就說，我任用賢才，使人各盡其能，嚴格執法，賞罰分明。」

王某連連擺首道：「不好！這麼說豈不是自誇己功？請大人這麼回答：這不是小臣的功勞，而是天子的神靈威武所感化！」

龔遂接受了他的建議，按他的話回答了宣帝的問話。宣帝十分高興，便將龔遂留在身邊，任以顯要又輕閒的官職。

做臣下的，最忌諱自表己功，自矜己能。凡是這種人，十有九個會遭到猜忌，得不到好下場。當年留邦曾經問韓信：「你看我能帶多少兵？」韓信說：「陛下帶兵最多不超過十萬。」劉邦又問：「那你呢？」韓信說：「我是多多益善。」這樣回答，劉邦怎能不耿耿於懷！

喜好虛榮，愛聽奉承，這是人性的弱點。身為一個萬人注目的帝王更是如此。有功勞歸上司，正好迎合了這一點，是討好君上，固寵求榮，屢試不爽的法寶。

自以為有功，總是討人嫌的，特別容易招惹上司或君上嫉恨。表自己功，雖說合理，卻不合人情，而且很危險。

三國末期，西晉名將王浚巧用火燒鐵索之計，滅掉了東吳。三國分裂的局面至此方告結束，國家又重新歸於統一。王浚功不可沒。豈料王浚克敵致勝之日，竟也是受讒遭誣之時。安東將軍王渾以不服從指揮為由，要求將他交由司法部門論罪，又誣他攻入建康之後，大量搶劫吳宮珍寶。

王浚大感畏懼。當年，消滅蜀國，收降後主劉禪的大功臣鄧艾就是在獲勝之日，被讒言構陷而死。他害怕重蹈鄧艾的覆轍，便一再上書，陳述戰場的實際狀況，辯白自己的無辜。晉武帝司馬炎倒是沒有治他的罪，而且力排眾議，對他論功行賞。

可王濬每當想到自己立了大功，反而被豪強大臣所壓制，一再被彈劾，便憤憤不平，每次晉見皇帝，都一再陳述自己伐吳之戰中的種種辛苦以及被人冤枉的悲憤；有時感情激動，竟不向皇帝辭別，便憤憤離去。

他的一個親信范通，有一天對他說：「足下的功勞可謂大了，可惜足下居功自傲，未能做到盡善盡美！」

王濬問道：「這話是什麼意思？」

范通說：「足下凱旋歸來之日，便應退居家中，再也不要提伐吳之事。有人問起，你就說：『是皇上的聖明，諸位將帥的努力，我有什麼功勞可居呢！』這樣，王渾將軍能不慚愧嗎？」

於是，王濬按照他的話做了。果然，讒言不止自息。

立了功，其實是很危險的事。上司給你安個「居功自傲」的罪名把你滅了，正嫉妒你、眼紅你的同事也會高興。把功勞讓給上司，是明智的捧場術。要在職場混還是把紅花讓給上司為上策。

10 避免讓人「難為情」

人穿衣裳。一、為禦風擋寒，二、為求得美麗，三、為遮羞。為人處世，誰都會有羞於啟齒的隱私。因此，善於遮羞，不可或缺。人云：家醜不可外揚。有難言之隱，誰也不想示人，落下笑柄。然而，除非己莫為，才能人不知。所以，一、要儘量保守祕密，二、要在醜事曝光後，使其產生的不良後果儘量小一些。

別人出醜，不能幸災樂禍，否則會結下仇家，並為眾人所不齒。如能故作糊塗，主動為人遮醜，就可順水推舟，落下人情。

世事難料，隱私絕非一定不會泄露。出醜露乖時，首先要保持冷靜，不能手忙腳亂，醜上加醜。其次要學會順力借力，切莫生遮硬擋。最後大可以「顧左右而言他」，分散人們的注意力。千萬不要因一個小小的把柄被人揪住，帶出更大的醜事。

孟君大學畢業後，立即取得一級建築師的資格，很有才幹。

某日，孟君和兩位上司去拜訪委託設計的客戶。對方除負責的一位董事外，還有兩位部長出席。當天是第一次見面，目的是欲瞭解客戶的意向。

雙方在會客室交換名片。這時，孟君的名片夾裏有樣東西掉到桌上。他的視線立即掃過去，其他人的視線也跟上去。孟君發出一聲「啊」的慘叫，一副狼狽的樣子。其他人也屏住呼吸。掉在桌上的東西原來是一枚保險套。

孟君慌慌張張地撿起來，然後戰戰兢兢地窺伺對方董事的臉色。「哈哈，以前我也用這個牌子！」對方輕鬆地化解他的尷尬。事後的商討就在笑聲和親密感中進行。

在特定情況下，為了避免觸及別人的忌諱，防止招來不必要的麻煩以及引起彼此的不愉快，有時不能、不願、不好直接說出某一事，就需用另一事來替代或化解，通過「指鹿為馬」，以求逢凶化吉。

故作糊塗，不一定是壞事。遇到尷尬情況，應盡力以新話題、新內容引申轉移，千萬別拘泥一格，執著不放，弄得僵持不下，導致更為難堪的局面。

一個人故作糊塗的遮羞能力，當然是以他的人生經驗為基礎。經過多次實踐，必會變得老練。另外，應變能力也反映著一個人的機智和修養。只有處世功底深厚的人，才有可能在情況發生變化時化險為夷，化拙為巧。

無論出現什麼情況，都必須保持高度冷靜，使自己不失態。例如，在一次商務交際中，對方在談到價格時，突然揭了你這一方的老底，說你給某公司的價格很低，而給他們過高，實在是太欺負人等等。貿易夥伴這樣揭露，很傷人面子。如果你不冷靜，情緒過分緊張或激動，很可能應付不了這種局面。

接下來，或者承認事實，或者憤怒爭辯，拼命否認，很可能當時就不歡而散。反之，你如果夠冷靜，就可能很快找出理由，比如價格低，並不保證退換維修，某一方面沒有運用新材料、新技術，或者在付款形式、供貨期限、質量保險等方面有所不同。反正你總能找出合適的理由來挽救局面，為自己的行為找到合理的說法。

在任何情況下，都必須能夠「打圓場」，淡化和消解矛盾，給自己和對手找台階，使氣氛由緊張變為輕鬆，由尷尬變為自然。很多時候，替別人解圍比為自己掩飾更重要：一方面表示自己對對方的理解和尊重，另一方面也給自己留下餘地。

學會巧妙地轉移話題和分散別人的注意力。說錯了話或做錯了什麼事，除了迅速認錯之外，還要學會巧妙地轉移話題，把對手的注意力吸引到其它方面。比如用幽默或玩笑的方式轉移目標，把關於人的事扯到某種物上面，把令人緊張的話題變成輕鬆的玩笑等等。

11 跌倒了，順勢翻個跟頭

有個禿子把假髮戴在頭上，騎馬出行。一陣風把假髮吹掉了，旁觀的人都禁不住哈哈大笑。禿子停下來說：「這頭髮本來不屬於我，從我這裏丟掉了，有什麼奇怪呢？它不是也曾離開本來的那個主人嗎？」

急智和幽默在遮羞中佔有重要的位置，是因為它能順力借勢。有醜在先，強行捂住，不但欲蓋彌彰，此地無銀三百兩的嫌疑很大，再則很容易激起他人的對立衝動，糾纏起來，無異於在傷口上又拍又打，必然沒什麼好果子吃。急智和幽默則不會惹人反感。大家笑一笑，便不會再追究什麼了。

有人說，「故作糊塗」這種本領是古代人在高壓政策下求生的一種生活方式，現在沒有這種人了，也用不著這樣做了。殊不知，現在故作聰明的人多了，故作糊塗在今天仍然有著不可替代的作用，並演變出許多新的變種。

有些上進之人可能在生活中感到特別孤獨。他們有才有識，卻受到許多人惡意攻擊，好像他們越表現自己，廣大的群眾就越要孤立他們。

一位女作家寫了一部書，受到了好評。出於妒忌，另一位女作家走到她面前，陰陽怪氣地說：「我很欣賞你的書。不知是誰替你寫了這本書？」她立刻回答：「很高興你喜歡拙作。不知是誰念給你聽的？」對方譏諷她不會寫，她則回敬對方不會讀，既在情理之外，又在情理之中，玩笑而已，大可一笑作罷。

一八〇七年七月，拿破崙與俄國皇帝亞歷山大一世在提爾亞西特會晤。普魯士王后路易莎也來了，想請求拿破崙把北德意志馬格德堡歸還。一見面，路易莎先是讚賞拿破崙的頭「像凱撒的一樣」，然後嫵媚而直截了當地向他提出歸還馬格德保的要求。拿破崙不好當面拒絕，又不能輕易答應。他沒話找話，讚美王后的服裝如何好看，想以此轉移話題。路易莎回敬了一句：「在這樣的時刻，我們要拿時裝作話題嗎？」她再次提出請求。拿破崙又用一些不相干的話對付她。路易莎再三央求他寬大為懷，態度謙恭又誠懇，使他多少有些動搖。

這時，奧地利國王弗蘭西斯進來了，拿破崙的調整當場冷了下來。

宴會結束之後，拿破崙送了路易莎王后一朵玫瑰花。王后靈機一動，脫口而出：「我可否認為這是友誼的象徵，我的請求已蒙答允？」拿破崙早有防備，用一句不著邊際的話題把話岔開了。路易莎王后沒有達到目的，黯然而歸。

外交場合中，重要的是堅持自己的原則和立場，不該做出讓步的決不鬆口，同時又要做到言行得體，不失禮儀。這是一門高超的厚黑藝術。王后的面子不能過於直露地去駁，占了別人的地盤更不是什麼光彩的事，一旦爭吵起來，就會出更大的醜。拿破崙轉移話題，達到了遮羞的妙用。

由此可見，「顧左右而言他」是一種很有效的遮羞厚黑術，它可以轉移別人的注意力，瞞天過海，可以拖延時間，平息別人的怒火，可以避免正面衝突，維護雙方的面子。「顧左右而言他」的技巧很多，可以隨時隨地，信手拈來。實在找不到合適的話題，插科打諢，扯扯閑淡，逗人哈哈一笑，也是可以的。

有些人遇到有人上門求他辦事，便產生一種優越感，侃侃而談，越扯越遠；或者故意說些不著邊際的話，消耗見面的時間，最終拒絕、搪塞。這樣的人，我們最難說服他。用一般手法，會中他的計；一味沈默，又等於承認他占了上風。這時，要先干擾他的決策。最好的辦法是頻繁地用「有點道理」、「是這樣嗎」之類的話打岔，或是故意注意別的東西，打亂他的思考邏輯，使他紕漏百出，從而獲得插話的機會。

這種心理技巧在西方議會中常被使用。官員們在議會所說的話，都是事先準備好的，議員不是很容易就能破壞他們的邏輯思路。有經驗的議員會贊成官員所說的一切，再審時度勢，抓住機會，打斷他的一連串話題，使其原則崩潰，說出真心話。對付滔滔不絕、口若懸河的人，此法尤具神效。

他要瞎扯淡，你要談正題，你來我往的較量中，又不可拉下面子吵架，沒有一番口上功夫和獨特的思路是不行的。

清末，陳樹屏做江夏知縣時，大臣張之洞在湖北任總督。張之洞與巡撫譚繼詢關係不太合。有一天，陳樹屏在黃鶴樓宴請張、譚等人。座客裏有人談到江面寬窄問題。譚繼詢說是五里三分，張之洞卻故意說是七里三分，雙方爭持不下，誰也不肯丟自己的面子。陳樹屏知道他們是借題發揮，對兩個人這樣鬧很不滿，也很看不起，但又怕掃了眾人的興。於是靈機一動，從容不迫地拱拱手，謙虛地說：「江面水漲就寬到七里三分，落潮時便是五里三分。張督撫是指漲潮而言，撫軍大人是指落潮而言，兩位大人都沒說錯！」張、譚本來是信口胡說，由於爭辯，又下不了台階，聽了陳樹屏這有趣的糊塗之語，自然無話可說。於是眾人一起拍掌大笑，爭論便不了了之。

魔術大師的戲法，誰都知道是假的，可人人愛看，樂意接受他們那塊罩眼的布。人際關係學認為，要尊重他人。若要批評，用塊遮羞布，對方比較容易接受。大家避免了難堪，才有戲法可變。人際交往之中，這種場合很多。

12 有些事不必過於較真

河北刑臺縣有「南大樹」、「東大樹」、「西大樹」三個村，傳說，同東漢名將馮異有密切的關係。

馮異，字公孫，東漢潁州父城（現河南葉縣東北）人，從小熟讀《左傳》、《孫子兵法》，文武雙全。

最初在王莽手下任小官，後見王莽為害人民，被人民所怨恨，瞭解到起義軍領袖劉秀有治國安民的才幹，便對苗萌說：「起義諸將雖皆英雄，但多獨斷，不愛人民。只有劉將軍不搶掠人民，舉止言談溫和有遠見，不是庸人，可以追隨。」

於是，兩人投靠了劉秀，又吸引了勇將銚期等人前來。劉秀勢力由此大振。

馮異向劉秀建議：「天下人都反對王莽苛政，劉玄部又紀律太壞，失信於民。此時人民饑苦，若稍施恩德，百姓必熱烈擁護。」

劉秀聽了他的話，派他和銚期到邯鄲安民，果然得到廣大人民支持。

王郎領兵追趕劉秀。劉秀及部下退到饒陽天蔞亭（河北饒陽東北），正遇天氣寒冷，士兵都饑餓疲勞。馮異送來豆粥，解除了困難。在南宮（河北南宮）又遇大風雨。劉秀躲到路旁空屋。馮異抱來木柴，鄧禹燒火，劉秀方能烤乾衣服。馮異又送來飯菜讓他飽暖身子。終於，全軍安全移兵到信部（河北刑臺）。劉秀使馮異收集散兵，重整隊伍，大破王郎。

馮異對東漢統一建國之功巨大，但他從不居功，對人也特別謙讓。每同其他大將車仗在路上相遇，他必告訴車夫退讓躲道，讓別人先過。他領部隊作戰時，在各營之前；退兵時，在各營之後。休戰時，諸將坐在一起，個個都拚命宣揚自己的功勞，以便爭功多得升賞。當各將爭功時，馮異自躲於大樹下，一言不發，似在乘涼休息，實為躲避而讓功。

後來軍中稱他「大樹將軍」。不僅劉秀對他格外器重，他部軍隊亦多願在他麾下效力。「南大樹」、「東大樹」、「西大樹」各村村名即因此得名，沿用至今。

人最見風節的地方，就在面對名利之際；人最容易露怯的地方，還是在面對名利之時。司馬遷就悟出了這個道理。他在《史記》中說：「天下熙熙，皆為利來；天下攘攘，皆為利往。」

一千多年後，乾隆皇帝下江南，看見運河上船來船往，人聲鼎沸，熱鬧異常，問道：「來來往往那麼多船，他們都在忙些什麼？」一位大臣伶牙俐齒地答道：「在臣看來，這運河裏只有兩條船，一是為名，一是為利。」所謂志向高潔的人，並非他不要名利，而是把名利看得比較淡，在利益衝突的時候，能把握好方向。

大哲學家蘇格拉底被弟子強拖著去逛市場。面對琳琅滿目的商品，他很感慨：「這裏竟有這麼多我用不著的東西！」

說來說去，不管你怎麼看，名利這東西都會與我們相伴。那麼，如何不受其累，而盡得其惠？我有一個「祕方」：看它越重，它害你越大；看它輕些，則害不了你。

藺相如為廉頗讓路，既造就了相互的友誼，更重要的是使強秦不敢覬覦趙國，保證了國家的安全。

ch.2
釣魚的人要先了解魚的想法

1 讓人心甘情願為你賣命

拿破崙打天下的時候，常常告訴他的士兵：「只要把這個城市攻下，所有獲得的戰利品，都是你們的。」這句話就像懸在驢子眼前的胡蘿蔔。物質上的賞賜固然重要，仍然不可忽視了精神上的賞賜。畢竟人生在世，「名」最為緊要。

韓非子將控制下屬的手段化簡為「二柄」，即「賞和罰」。

義大利一位政治思想家馬基雅維利在其名著《君主論》中有一段精彩的論述：「為了使大臣保持忠貞不渝，君王必須常常想著大臣，尊敬他，使他富貴，從而對你感恩戴德，讓他分享榮譽，承擔職責；使他知道如果沒有君王，他就站不住。而且，他已有許多榮譽，使他更無所求；他已有許多財富，使他不想更有所得；他已負重任，使他害怕更迭。當君王和大臣的關係處於這樣一種情況時，彼此之間就能夠以誠相待。」

這便是《周禮》上所說的：「爵以馭其責。」

投身官場的人，追求的核心便是一個「官」字。有了官便有了權，有了權便有了一切。對官場上的人來說，這個「官」字如同賈寶玉脖子上的通靈寶玉一樣，一刻也不能離開。因此，利用官職駕馭、控制臣下，歷來是最高掌權者手中的法寶。在長期實踐的過程中，他們對於官職的分配，高低順序的排列，封給的對象、時機、手段，都有一些匠心獨具的厚黑機謀。

楚漢相爭，項羽和劉邦的力量對比很不平衡。無論就個人的勇猛威武、名望的影響力、士卒的精銳、戰功的卓著而言，項羽都遠遠超過劉邦，最後卻敗在劉邦手下，這究竟是為什麼？

其中一個重要原因便是：在官爵的封賞上，他沒有劉邦的手段高明。

韓信是劉邦取勝的一個關鍵人物。可以說，沒有韓信，就沒有劉邦的江山，而韓信原來卻是項羽的部下。他為什麼棄項歸劉呢？在同劉邦談到項羽時，他曾說過一段話：「項羽這個人，威風凜凜，一發起怒來，誰也不敢吭一聲。可是，他不能發揮其他良將的作用，這只不過是匹夫之勇罷了。他對人也恭敬慈愛，同人說起話來平易近人，如拉家常；誰要是有了疾病，他會急得流淚，將自己的飲食送給病人。可是，圍屬下立了大功，應該封官賞爵時，他把封賞的大印都擬好了，放在手上摩弄得印角都磨滅了，還捨不得交給應受封賞的人，實在是太小家子氣了。」

2 人一輩子就是圖個面子

人的「社會性」決定了人需要得到他人和社會的承認與肯定，而你發自肺腑，恰如其分地給予讚揚，是對別人熱情的關注、誠摯的友愛、慷慨的給予和由衷的承認，必然會起到鼓勵的作用和引發感激的心理效應，甚至他會把你當成知己。

掌握了這一點，對於處理人情關係至關重要。只要摳到人的尊嚴這塊「軟骨」，他便會「士為知己者死！」在緊要關頭，讓他不為你拚命都很難。

一九〇七年，蔣介石東渡日本，入振武學校學習軍事。不久，由他的浙江同鄉陳其美介紹，加入了同盟會。在此期間，他曾給他的表兄寄過一張照片，還在上面題了一首自勵的小詩：「騰騰殺氣滿全球，力不如人萬事休！光我神州完我責，東來志豈在封侯！」

隨著蔣介石地位的提高，他的照片也有了更多的用場。還在北伐之前，蔣介石就開始躊躇滿志地網羅天下名士，以備他建立大業所用。一九二六年春天，邵力子奉廣州國民黨中央之命，到上海聯絡報界人士，宣傳國民黨的主張。蔣介石乘機委託邵力子把自己親筆簽名的照片轉贈陳布雷，同時傳達他對這位報界才子的欽敬之情。

陳布雷當時是上海商報的主筆。他才思敏捷，運筆如神，所寫的社論、短評以其犀利的風格著稱於上海報林。他曾因在政治上傾向於孫中山在廣州的國民黨，言論過於激烈而吃了官司。此事更使他名聲大震。

蔣介石不僅佩服陳布雷的膽識和才氣，還特別看重他是浙江同鄉，所以著意延攬在身邊。

在一次上海報界名流的宴會上，陳布雷接過了邵力子轉來的蔣氏照片。既見其人，又領其意，此後又接到蔣介石約他相見的口信，終於在這一年奔赴南昌，會晤這位國民革命軍總司令。此後一氣跟隨了他二十多年，直到一九四八年自殺才結束。

蔣介石靠黃埔軍校起家，深知維繫校長與學生之間關係的重要，因而從不放過任何培養和籠絡學生的機會。其中，送照片便是他巧妙利用人性弱點的小祕訣。

抗日戰爭期間，蔣介石在浮圖關成立了中央訓練團。他自兼團長，舉辦各種訓練班。其中以黨政訓練班最為重要，訓練內容除軍事訓練外，重點灌輸「效忠領袖」的基本思想。

為期一個月的訓練，最重要的一節是蔣介石接見受訓人員，一批十多人，談話十幾分鐘。結業時還分贈每個學員一張他的照片，上款寫著「某某同志惠存」，下款是「蔣中正贈」，並蓋有私章。贈送這張照片，既可給學員造成深受寵幸之感，又可使其憑「天子門生」之身到處炫耀，更重要的則是時刻牢記，要為「領袖」忠心效勞。

抗戰結束，蔣介石想方設法給那些握有兵權，投靠過日偽的漢奸吃寬心丸，將他們再度收歸門下，以擴大其反共力量。一九六四年春天，蔣介石偕宋美齡到新鄉視察，召集駐在豫北的國民黨高級將領二十多人，其中包括漢奸龐炳勳、孫殿英等。除設宴招待，慰勉一番之外，還一起照了張團體照。隨後，蔣介石又坐在那裏，那每個人輪流站在他的旁邊合拍一張，以示恩寵。龐炳勳、孫殿英等大喜過望，把他們與蔣氏的合照放大印出，分送給部屬、親友，以示炫耀。他們明白，蔣介石做出這種姿態，是表示不再與他們計較前嫌——這正是蔣介石的目的所在。

蔣介石的這一招著實了得。細想想，大多數人受到某個大人物的垂青，便會自覺臉上很風光，在人前很有面子，似乎如此一來，自己的身價也跟著提高了。心裏對大人物感激涕零，沒有不誓死效忠的道理。蔣介石深知，以自己的身分，只要肯放下架子，對某位下屬給個面子，即可籠絡其心。

美國瑪麗·凱化妝公司創辦人兼董事長瑪麗·凱在談到自己的領導方法時說：

「每當我見到某個人，我就想像他身上帶著一個看不見的信號：讓我感覺自己重要！我立即回應這個信號，結果每次都取得意想不到的效果。」

瑪麗．凱之所以這樣做，是因為她曾經遭受過被人冷落的難堪待遇。那還是她在別人的公司裏當職員時的一件事：

有一次，她和其他同事一起，等待同公司的銷售經理握手。過了許久，當她走到銷售經理面前時，雖然也握了手，但那銷售經理是那樣心不在焉，好像把她當空氣，像她根本不存在似的。這深深地傷害了她的心。所以，瑪麗．凱建立了化妝品公司以後，接見職工時，不管自己多麼忙，多麼疲勞，她都要聚精會神、一絲不苟地禮待他們，使每一個職工都感覺到自己是公司重要的成員。這樣一來，職工們必然會因得到知遇而感激，以更加高昂的士氣工作。

3 不拘小節，任人惟賢

吳起是魏國大將，他的求仕之路非常坎坷。

吳起是衛國人，家中極為富裕，但他不是貴族。那個時候，非貴族不能入仕。吳起雖有雄心壯志，想要報效國家，卻苦於入仕無門。

他不惜花費重金，卻仍未求得一官半職。他如此地想要報效國家，不僅無人支持，反而遭到冷嘲熱諷，受盡白眼。累萬家產消耗殆盡，卻一官半職也未能到手。某些人為此更加嘲笑他，笑他窮困潦倒，甚而至於欺負他。

吳起一怒之下，殺了其負他的人，逃到外地。臨時走，他對母親發下重誓：「不孝兒今日一別，若不位列卿相，絕不回來！望您老人家好好保重！」

做母親的理解吳起的一片苦心，諄諄教誨，讓兒子銘記於心：「兒啊！此一去前途未卜，但為娘的知道你心意已決。放心去吧！不用牽掛娘。以後一切只能盡人事而聽天命了！」

兒子灑淚作別。殊不知，這一別便是永訣。

吳起一口氣逃到魯國，拜孔子的學生曾參為師，學習儒家義理。他學習刻苦用心，也甚得曾參喜愛。但後來發生了一場變故，兩人的師徒情緣就此切斷。

吳起在魯國學儒術，不料母親在家一病不起。按儒家禮規，父母喪須守孝三年，且這三年中任何事也不能做。吳起雖悲痛萬分，卻未遵守此規，因而被曾參一氣之下除名。離開曾參後，吳起棄儒學兵，這期間一直待在魯國，學成後也在魯國做事。

西元前四一〇年，齊魯之戰爆發。魯君聽說吳起很有才能，便召見他，想任用他為大將。但詢問得知，吳起的妻子是齊國人。兩國交戰，容不得半點疏忽。魯君細想之後，便沒有啟用他。後來，有人上報魯君，說吳起的妻子死了，魯君這才放心，任命他為大將，派他率軍出征。吳率領軍隊，大敗齊軍，得勝而回。

很多人傳說，吳起為了當將軍，取得魯軍的信任，把自己的妻子殺了。但畢竟無人親見，此事真偽莫辨。無論如何，吳起這次是率領兵少將弱的魯軍打敗了強大的齊軍，顯示了自己的軍事才能。至此，他的報國之志才有所抒發。

然而，魯君軟弱無能，胸無大志，聽信了小人的讒言，不肯重用吳起。吳起壯志再度受挫，心知在魯國實難施展己的雄偉抱負。四處打聽之後，得知魏文侯求賢若渴，廣募賢才，他便離開魯國，前往魏國。

到了魏國，他人地兩生。正苦於無策之時，遇到了魏國將領翟璜。這翟璜是個惜才之人，知道吳起有才能，便先把他迎到自己府中，供他吃住，等到適當時機，再把他推薦給朝廷。

一日，魏文侯想派人去守西河。商議時，翟璜向文侯推薦吳起，說他是個有才能的人，能當此重任。文侯思考之說，說：「愛卿，孤聽說吳起雖有才能，品德卻不怎麼樣。母親死了，他不回去守喪；為了當將軍，又把自己的妻子殺了……」

「大王，您想要成就大業，而吳起有真才實學。任何人都不可能十全十美，有點小毛病，在所難免。再說，儒家的禮教，我們也不是一定非遵守不可。吳起殺妻只是傳聞。就算他真的殺了妻子，也是因為他急於建功立業，報效國家呀！咱們不正應該利用他的這種進取心嗎？請大王三思。」

魏文侯想了好半天：「既然愛卿已經想得這麼周全，那就召吳起進來吧！」

翟璜出去不大功夫，便將吳起帶了進來。

吳起見上座一人，必是魏文侯，倒身便拜：「參見大王。」

「起來吧！你就是吳起？」魏文侯細細打量著他。

「啟稟大王，末將便是吳起。」

吳起穿了一身書生衣服來見文侯。文侯心有顧忌，一開始便對他沒什麼好印象，不冷不熱地說：「先生是學文還是習武？」

吳起豈是愚鈍的文人，見魏文侯這種態度，便知道他是瞧不起自己，於是順口答道：「大王，文、武在下都習過，也研究過孫子兵法，行過軍，打過仗……」

哪知文侯認定他是在夸夸其談，根本不願多聽，立刻打斷他：「先生不知，朕不喜歡多談打仗的事。」

吳起微微一笑，回道：「每個人喜歡談什麼，是由各自的志趣、愛好決定的。但是，您說您不喜歡談打仗的事，恐怕不是您的心裏話吧？」

文侯一聽，心中一驚，暗想：我心裏想什麼，難道你會知道？表面卻裝作不在意的樣子：「聽先生這話的意思，是能測知人的心理嗎？朕倒想領教領教。」

吳起是聰明人，一聽文侯這話，便知他是在試探自己，於是從容答道：「大王，恕在下冒昧，有些事想請教一下。您整日派人訓練軍隊，難道只是單純為了增強軍隊的素質？您的兵器作坊裏日夜打製刀槍劍戟，難道是為了觀賞？你又打造了那麼多戰車，單是出遊、打獵，恐怕用不了那麼多吧？」

這番話，說得文侯心服口服，暗暗為吳起的精神伸大拇指。

至此，他才相信吳起確是一個有真才實學之人。於是，他立即起身，走到吳起面前深施一禮，說道：「先生就是朕要要拜訪的賢才。剛才冒犯之處，還請多多包涵。依先生之見，想要富國強兵，該如何去做？」

吳起看出文侯是真心請教，便也謙恭地說：「大王，想要富國強兵，其實不難。現在您已經做好了準備工作，這是非常重要的一步。更重要的一點是，這個國家本身首先必須自強，不能等敵人來攻打才開始防禦。您現在應該訪求有才能的人，讓他們統領、指揮軍隊，做到有防有守，能敵能禦。」

「先生，您就是朕要訪求的人啊！」於是，文侯立即任命吳起為大將軍，派他去任西河太守。

到了西河，吳起整治邊防，加固城牆，訓練軍隊；帶領百姓改良土壤，耕種梯田；又時刻微服私訪，體恤民情，深得百姓愛戴。不到幾年功夫，把西河治理得進可攻、退可守。

公元前四〇九年，吳起領軍渡過黃河，攻克了秦國的臨晉、洛陽、合陽等重要城鎮，最後打得秦軍大敗而逃。魏軍一直追過渭水，打到鄭國，把秦國西河一帶的要塞全部奪了過來。

如果當初魏文侯只注意吳起的一些缺點和毛病，忽視了他的軍事才能，他的損失將會多麼大呀！由此看來，一個領導者，特別是一個想要有所成就的領導者，在選用人才之時，一定要不拘小節，不能求全責備。

4 放長線、釣大魚

唐代京城中有位竇公，聰明伶俐，極善理財，卻苦於財力微薄，難以施展賺錢的本領。沒辦法，他先從小處賺起。

他在京城中四處逛蕩，尋求賺錢的門路。某日來到郊外，見周遭青山綠水，風景極美。有一座大宅院，房屋嚴整。一打聽，原來是一權要宦官的外宅。他來到宅院後花園牆外。但見一水塘，塘水清澈，直通小河，有水進，有水出，但因無人管理，顯得有點零亂、骯髒。他心想，財路來了。水塘主人覺得那是塊不中用的多餘的荒地，就以很低的價錢賣給了他。

竇公買到水塘，又湊借了些錢，請人把水塘砌成石岸，疏通了進出水道，種上蓮藕，放養了金魚，圍上籬笆，種上玫瑰。

第二年春，那名權要宦官休假在家，逛後花園時聞到花香，到花園後一看，直讒得他流口水。竇公知道魚兒上鉤了，立即將此地奉送。

這樣一來，兩人成了朋友。一天，竇公裝作無意地談起想到江南走走。那宦官忙說：「我幫你寫幾封信，讓地方官對你多加照應。」

竇公帶了這幾封信，往來於幾個州縣，賤買貴賣，因有官府撐腰，不幾年便賺了一大筆錢。而後，他回到京師。

他久已看中皇宮東南處一大片低窪地，那裏因地勢低窪，地價並不貴。買到手之後，他雇人從鄰近高地取土填平，然後在上面建造館驛，專門接待外國商人，並極力模仿不同國度的不同房舍形式和招待方式。所以一經建成，便顧客盈門，連那些遣唐使也樂意前來。同時，他又闢出一條，廣建妓館、賭場乃至雜耍場。這條街成了「長安第一遊樂街」，日夜遊人爆滿。不出幾年，竇公掙的錢數也數不清。

竇公為了釣到宦官的權勢做靠山，不惜血本作釣餌，又耍性極好，魚兒上了鉤竟然渾不知覺。他的這種技巧即「放長線，釣大魚」。

善於放長線，釣大魚的人，看到大魚上鉤，絕不會急著收線揚竿。他會按捺下心頭的喜悅，不慌不忙地收幾下線，慢慢把魚拉近岸邊；一旦大魚掙扎，便又放鬆釣線，讓魚游竄幾下，才又慢慢回收。如此一收一收，待大魚精疲力盡，無力掙扎，才將牠拉近岸邊，用提網兜拽上岸。

人情操縱也一樣：追得太緊，別人反會一口回絕你的請求。只有耐心等待，才可能等來成功的喜訊。

某中小企業的董事長，交際手腕當真高人一籌。

他長期承包那些大電器公司的工程，對這些公司的重要人物常施以小恩小惠。而且，他不僅奉承各家公司的要人，對年輕的職員也殷勤款待。

事前，他總是想方設法將電器公司內每個員工的學歷、人際關係、工作能力和業績，做一次全面性的調查和瞭解。一旦認為某個人大有可為，以後會成為其所屬公司的要員，不管此人有多年輕，他都會盡心款待。他這樣做，是為日後獲得更多的利益做準備。他明白，十個欠他人情債的人當中，有九個會給他帶來意想不到的收益，他現在做的虧本生意，日後定會連本帶利地收回。

所以，當他所看中的某位年輕職員晉升為科長時，他會立即跑去慶祝，贈送禮物。那年輕的科長自然倍加感動，無形中產生了感恩圖報的意識。他卻說：「我們公司能有今日，完全是靠貴公司的鼎力協助，因此向您這位年輕有為的人才表示謝意，也是應該的。」

其後，那些受他恩情的職員晉升至處長、經理等要職時，都還記著他的恩惠。因此，在生意競爭十分激烈的時期，許多承包商倒閉的倒閉了，破產的破產了，他的公司卻仍舊生意興隆。

綜觀這位董事長的放長線手腕，確有他「老薑」的「辣味」。這也說明，求人交友，要有長遠的眼光，要注意有目標的長期感情投資。

同時，放長線釣大魚，還必須慧眼識英雄，才不至於將心血冤枉地花在那些中看不中用的庸才身上，日後收不回老本。

俗話說：「釣到的魚不用再餵食。」這道出了很多人的心態。他們的人際交往非常急功近利，完全違背了「釣大魚」的厚黑原則。試想：一條小魚你連魚食都不去餵，要麼會長成一條大魚？

有事之時找朋友，勢利；無事之時找朋友，見真情。

你有沒有這樣的經驗：當你面臨了一種困難，認為某人可以幫你解決，你本想馬上找他，但後來一想，過去有許多時候，本應該去看他的，結果你都沒去，現在有求於人才去找他，會不會太唐突了？這時，你不免有些後悔「閑時不燒香」了。

5 保持魚對魚餌的「胃口」

從十七世紀以來，德意志就一直處於四分五裂的割據狀態。大大小小的邦國各自為政，嚴重阻礙了資本主義經濟的發展。到十九世紀前半期，普魯士已發展成為各邦中力量最強的一個王國。俾斯麥上臺後，決心擔當起統一德意志的任務。

俾斯麥看到當時的國際形勢對普魯士十分有利：俄國在克里米亞戰爭中力量遭到削弱，尚未恢復元氣，而普魯士的對頭奧地利由於在這次戰爭中沒有支持俄國，反倒和英法締結同盟，致使戰後奧、俄兩國不和，在巴爾幹的矛盾加劇，因此，奧地利這時不可能指望得到俄國的幫助。法國當時較為強大，而英國深怕拿破崙三世獨霸歐洲，便支持普魯士，以牽制法國。法國皇帝拿破崙三世則希望普奧之間交戰，準備在他們兩敗俱傷後坐收漁利。俾斯麥認清了這種形勢，決定利用歐洲強國之間矛盾的加劇，施展外交手腕，孤立敵人，逐步各個擊破。

奧地利也是德意志各邦中力量很強的一個，明裏暗裏，和普魯士爭奪統一的領導權。要實現統一，第一步就得清除奧地利這個障礙。俾斯麥為孤立奧地利，使出一記高超的外交手腕：首先聯合奧地利。

一八六三年末，丹麥部隊開進德意志邦聯成員國荷爾斯泰因公國和北部的石勒蘇益格公國。俾斯麥以此為藉口，拉攏奧地利作為同盟，利用其力量，對丹麥作戰。奧地利則想利用這個機會，共同宰割荷爾斯泰因公國，防止普魯士獨吞，因而欣然同意出兵。戰爭勝利後，普魯士佔領了石勒蘇益格，把荷爾斯泰因大方地送給奧地利。奧地利人欣然受之，卻沒有想到這是俾斯麥拋出的釣餌。

俾斯麥在這個「免費餡餅」的釣餌下，又巧妙地布下三支魚鉤。可惜的是，奧地利並未發覺。首先，俾斯麥聯合奧地利是為了進一步孤立奧地利。一旦普魯士轉而對奧地利作戰，丹麥就不會出兵援助奧地利，普魯士也就沒有了後顧之憂。其次，在丹麥戰場，俾斯麥摸清了奧地利軍隊的底細，從而為對奧作戰時打下了戰勝對方基礎。第三，苛爾斯泰因分給奧地利，是為了製造對奧戰爭的藉口，因為荷爾斯泰因從來就不屬於奧地利，也沒有和奧地利接界，名義上劃給奧地利，其實奧地利很難有效地對該地進行統治。

俾斯麥特別善於借別國的領土做魚餌，吊起對手國的胃口。

和丹麥的戰爭剛結束，俾斯麥立即策劃對奧作戰。除了軍事上做好周密的安排外，外交上他也做了相應的準備。關鍵處是爭取法國在戰爭中保持中立。為此，他又使用「借花獻佛」的外交手段，反覆向法國暗示，待這次戰爭結束，普魯士同意在歐洲劃一定的領土給法國，作為「賠償」。法國本想看普奧兩國鷸蚌相爭的好戲，戲還未演，戰利品就送上門來，當然樂得保持中立。穩住了法國，俾斯麥又和奧地利的仇家義大利結成了攻守同盟，準備一南一北夾擊奧地利。

上述準備工作就緒以後，俾斯麥便把荷爾斯泰因的問題提出來當作戰爭的藉口。一八六六年6月8日，他派兵進入荷爾斯泰因。奧地利當然不能容忍，便於6月17日對普魯士宣戰。俾斯麥等的就是這一天，立即同義大利一起，宣布對奧作戰。

由上可見，用借來的釣餌引魚上鉤，往往能使魚見餌不見鉤。因為人性中除有佔便宜的因素外，人們對於分而食之、瓜分肥肉有著特別高的興致。如此這般的心理，正是他們自投羅網而趨之若鶩的原因。

釣竿要掛上魚餌，才能釣到魚。越是魚喜好的餌，越容易釣到魚。至於魚喜歡哪種餌料，須依種類而定。其實，人的本性和上鉤的魚兒很相似。

要獲得人才，必須準備酬勞；為了使人才誠心效力，更須付出高薪，並須考慮依他們個人的能力，給予適當的職位。「報酬可以決定人才。」這一法則超越時代，古代如此，今天亦仍有指導意義。它也超越地域，東方、西方概莫能外。

6 黑臉開戲，紅臉收場

在人世間，必須做到見機行事，可剛可柔，不能只是一副千年不變的臉孔，就像演員，去擔當各類差距很大的角色。變臉的功夫可是沒有上千張，也有好幾百呀！

人際交往，談判交涉，官場商場，必須懂得自保，方可主動取得勝利。一味地「軟」，扮紅臉，無異於縱人欺侮；總是黑著臉強硬或白著臉使詐，又會激化對立，處處受防，落得敵人滿天下。高明的操縱者必善於紅匱相間，紅白並用，追求軟硬兼施的巧妙效果。

「不要以為一個人只有一張臉。女人不必說，常常『上帝給她一張臉，她自己另造一張。』不塗脂粉的男人的臉也有捲簾一格，外面擺著一副面孔，在適當的時候如簾子一般捲起，另露出一副面孔。」梁實秋先生為我們勾畫了舊時官場上的男人臉譜：「誤入仕途的人往往養成這一套本領。對下司道貌岸然，或是面無表情，像一張白紙似的，使你無從覿色，莫測高深，或是面皮繃得像一張皮鼓，臉拉得驢般長，使你在他面前覺得矮好幾尺！但是，他一旦見到上司，驢臉得立刻縮短，再往瘪裏一縮，馬上變成柿餅臉，堆下笑容，直線條全變成曲線條。如果見到更高的上司，連笑容都凝結得不下來，未開言，嘴唇要抖上好大一陣，臉上做出十足的誠惶誠恐之狀。簾子臉是傲下媚上的主要工具，對於某一種人是少不得的。」

梁實秋先生的「臉譜論」道出了逢場作戲之人的實質本領。能夠一會兒紅臉、一會兒白臉，集剛柔並用、軟硬兼施、德威並加於一身，便能像一位出色的演員，勝任自己在社會上扮演的角色。

變臉是一種巧妙功夫，也是為人處世的厚黑高招。

在京劇裏，演員臉上塗有特定的譜式和色彩以寓褒貶。其中紅色表示忠勇，黑色表示剛烈，白色表示奸詐。不同的臉譜顯示了不同的角色特徵。在實際操作中，我們雖然借用京劇臉譜的名稱，但務必注意：真實的人間心態千奇百怪，臉譜色彩多種多樣，不是兩三種名稱能道明其中之奧妙差別的。

任何一種單一的方法，只能解決與之相關的特定問題，且都有不可避免的會有副作用。對人太寬厚了，便約束不住，結果無法無天；對人太嚴格了，則一片死寂，毫無生氣。有一利必有一弊，不能兩全。高明的人都知道此理，為避此弊，莫不運用紅白臉相間之策。有時兩人連檔合唱雙簧，一個唱紅臉，一個唱白臉；更高明者，像高明的演員，根據角色需要變換臉譜，今天是溫文爾雅的賢者，明天變成殺氣騰騰的武將。歷史上不乏此類高手。

北魏、東魏獨攬大權的丞相高歡（後來變成北齊的創辦人「神武帝」），臨死前把兒子高澄叫到床前，談了許多輔佐兒子成就霸業的人事安排，特別提出當朝惟一能和心腹大患侯景相抗衡的人是慕容紹宗。

他說：「我故不貴之，留以遺汝。」當父親的故意唱白臉，做惡人，不提拔這個對高家極有用處的良才，目的是把好事留給兒子去做。

高澄（即北齊文襄帝）繼位後，照既定方針辦，給慕容紹宗高官厚祿，人情自然是他的，他唱的是紅臉。

這是父子連檔，紅白臉相契，終於成就大事之例。

很多人都是「軟的欺，硬的怕」。對待他們要軟硬兼施。一味地軟，無異於縱人欺侮；總是硬，又會招致對立，處處樹敵。如果能用硬壓住對手囂張的氣焰，用軟取得同情，予他面子，便會讓對方有順水推舟的心理。和你敵對也沒什麼好果子吃，而你又給他留足了餘地，他何樂而不為你效力呢？

7 打一巴掌，給個棗子吃

美國出版的《商業周刊》曾經專文介紹通用公司執行總裁傑克．韋爾奇，文中引用密西根大學管理學院一位教授的話：「20世紀有兩個偉大的企業領導人，一個是通用的前總裁斯隆，另一個則是韋爾奇。但兩人比起來，韋爾奇又略勝一籌。因為韋爾奇為新世紀的經理人樹立了一個榜樣。」

韋爾奇重視底線和結果是有名的。新官上任，他就公開宣稱，凡是不能在市場維持前兩名的實業，都會面臨拍賣或裁撤的命運。很多通用的員工抱怨他的要求太嚴。無論在生產上打破多少紀錄，他總嫌不夠。員工就像檸檬，被他把汁都擠乾了。

很多年前，一位通用的中層主管在韋爾奇面前第一次主持簡報，由於太緊張，兩腿發起抖來。這位經理坦白地告訴韋爾奇：「我太太跟我說，這次簡報若砸了鍋，我就不用回去了。」在回程的飛機上，韋爾奇叫人送一瓶最高級的香檳和一打紅玫瑰給這位經理的太太。他的便條上寫道：「你先生的簡報非常成功。我們非常抱歉，害得他最近幾個星期忙得一塌糊塗！」

任何一個好的領導人，都應該懂得用「巴掌和棗子」原理去獲得好的結果。在這方面，韋爾奇確是高手。

「巴掌和棗子」原理便是恩威並重。這一招在中國歷史上有很多經典例子。

朱元璋既野心勃勃又疑心重重，心地險惡。當上皇帝後，他把打天下時那種虛心納賢、任人唯賢的作風全拋在腦後，朝思暮想的全是維護他的絕對尊嚴和家天下。為此，他以各種卑劣手段排除異己，殘殺功臣。

李善長在隨朱元璋征戰時，以多謀善斷著稱。開國之初，組織制定法規制度、宗廟禮儀，與朱元璋的關係如魚如水一般，朱元璋將他比作漢初的蕭何，稱他為「功臣之首」，任他為開國之後的首任丞相。一旦功成名就，貴為天子，他對李的態度大變。李善長過去被他稱為「處事果斷」，現在則被說成「獨斷專行」。過去他特許李對疑難大事先理後奏，稱許李「為朕分憂」，現在則說李「目無皇上」。他對李善長功高權大，產生了疑忌之心。但考慮到李善長功高望重，輕舉妄動，恐生不測之變，就採用又打又拉，伺機清除的厚黑伎倆。

深知朱元璋為人的李善長察覺到皇上對他的猜忌，一連幾天，假稱患病，沒有上朝，並給朱元璋上了個奏章：一、來對不能上朝議政深表歉意，二、來提出退休，以觀察朱元璋對自己的態度。按慣例，朱元璋應下旨慰問、挽留。但是，他來個順手推舟，隨即批准了李善長退休，毫不費力地把李善長趕出了相位。

削奪了李善長的相權，免除了對他的威脅，但不少人心中暗罵朱元璋的寡情毒辣。為了籠絡人心，安撫李善長，朱元璋把自己的女兒臨安公主下嫁給李善長的兒子為妻，李家成了皇親國戚。

清乾隆對知識分子使用的「打一巴掌，給個棗吃」，堪稱空前絕後。在位期間，他大興文字獄，有案可查的就有七十餘次，遠遠超過先皇。

這一手夠厲害，直搞得文人個個自危。幾篇遊戲文章，幾句賞花吟月之詞，也往往弄出個莫須有的罪名。乾隆就是使用這類無情的厚黑手段鞏固了自己的地位。但他沒忘了「給個棗吃」的重要，對知識分子又採用了懷柔政策。

他規定，見到大學士，皇族的老老少少要行半跪禮，稱「老先生」；如果這位大學士還兼著「師傅」，就稱之為「老師」，自稱「晚生」。同時，一方面大搞正規的科舉活動，不斷羅致文人士子入朝為官；另一方面，特開博學鴻詞科，把那些自命遺老或高才，標榜孤忠，寫些詩文發池牢騷的文人，或不屑參加科舉考試而隱居山林，又有些威望的隱士，著地方官或巡遊大臣推薦上來，由他直接面試。

乾隆對被由己親自面試的錄用者關心備至。如其中有個叫顧棟高的，錄用時，年歲已不小，當時授予國子監司業之職。到年老辭官時，他親自寫了兩首七言詩加以褒獎。後來，乾隆下江南，又親賜御書，封此老為國子監祭酒。

他之所以如此做，全是出於維護他的皇權至上、族權至上、朝廷至上的目的，是要保住「大清」永不「變色」。誰要是在這方面稍有越軌，紅臉馬上變成白臉，滿臉堆笑換成殺氣騰騰。管你是有意無意，或是或非，都立即逮捕入獄，輕者「革職」，重者「立斬」、「立絞」，甚至處死後「棄市」，已死的也得開棺戮屍，連朋友、族人也通通跟著倒大楣。

就此而論，如果不幸淪為下屬或臣民，對挨巴掌應該有個清醒的認識。被巴掌打疼了是免不了的，一旦收到「棗子」，也並非是什麼「護身符」，算不上什麼好兆頭。明智的上司和明智的下屬都應明白：這畢竟是厚黑策略和手段，誰都可以使用，究竟誰更高明，那得看誰更能「演得真切」。

8 拿住把柄好制人

每個人都有弱點，好好利用這些弱點，便是很好的把柄。連他的趣味、喜好，也可以用做打開其欲望之門的鑰匙。只要拿他最喜歡或忌諱的東西去誘惑或打擊他，他就必定上套無疑。利用他人的隱私，如緋聞、受賄、罪行等，也可使其受制於我。在談判、競選、糾紛中都可使用，效力巨大無比。

反過來，從中我們應該學乖：朋友之間，吐露真相很危險，因為誰也不能保證日後會不會反目成仇。因此，人際往來，交朋結友應胸有城府，力避授人以柄，免得受制於人。

漢代時，朱博本是一介武生，後來調任左馮翊地方文官，利用一些巧妙的手段，制伏了地方上的惡勢力，被後人傳為美談。

長陵一帶有個大戶人家出身，名叫尚方禁的人，年輕時曾因強姦人妻，被人用刀砍傷了面頰。如此惡棍，本應重重懲治，只因他賄賂了官府，而沒有被革職查辦，最後還調升為守尉。

朱博上任後，有人向他告發了此事。為此，他找了個藉口，召見尚方禁。尚方禁見新任長官突然召見，心中七上八下沒個底，也只能硬著頭皮晉見。朱博仔細看尚方禁的臉，果然發現上有疤痕。他令左右退開，假裝十分關心地問道：「你這臉上的傷痕是怎麼搞的呀？」

尚方禁作賊心虛，知道朱博已瞭解了他的情況，心想：這下肯定完蛋了。為此，他像小雞啄米似的連連叩頭，嘴裏不停地說：「小人有罪，小人有罪！」

「既然知道自己有罪，那就原原本本給我招來！」

「是，是！」尚方禁如實地講了事情的經過。

朱博將自己聽到的與之相比較，覺得大致差不多。他用兩眼嚴厲地逼視尚方禁，嚇得尚方禁頭也不敢抬，只是一個勁兒哀求道：「請大人恕罪！小人今後再也不幹那種傷天害理的事了。」

「哈哈哈……」朱博突然大笑道：「男子漢大丈夫，本就難免發生這種事！本官想為你雪恥，給你一個立功的機會，你能效力嗎？」

尚方禁起初被朱博的笑聲嚇得身上直起雞皮疙瘩。但聽著聽著，終於緩過氣來。朱博剛說完，他又「撲通」一下跪倒在地：「小人萬死不辭，一定為大人效勞！」

朱博點點頭，命令尚方禁不得向任何人泄露今天的談話，並要他有機會就記錄一些其他官員的言論，及時上報。尚方禁儼然成了朱博的親信和耳目了。

自從被朱博重用之後，尚方禁對朱博的大恩大德時刻銘記在心，所以幹起事來特別賣命，不久就破獲了許多起盜竊、強姦大案，工作極見成效，使地方上的治安情況大為改觀。朱博遂提升他為代理縣令。

操刀要抓刀柄，制人要拿把柄。智者在對手身上發現了弱點，從不會輕易放過，必「拿住」其弱點，使之為我所用。

又過了一段時期，朱博突然召見那個當年受了尚方禁賄賂的功曹，對他嚴厲訓斥，並拿出紙和筆，要他把自己受賄的事通通寫下來，不能有絲毫隱瞞。

這貪官嚇得篩糠一般，只好提筆寫下自己的斑斑劣跡。

「記住！如有半句欺騙，當心你的腦袋！」朱博喝道。

那功曹一凜，「噗」的一聲，毛筆從手中滑落。他早已知道朱博辦事，說到做到，這人很不好惹，連忙躬腰一邊撿筆，一邊說道：「小人一定依照大人指示，如實坦白。」

尚方禁早已供出這位功曹貪污受賄的事，朱博把他所寫的供詞看了一下，與尚方禁所言大致不差，就說：「你先回去好好反省反省，聽候裁決。從今以後，一定要改過自新，不許再胡作非為！」說完就拔出刀來。

那官吏一見朱博拔刀，嚇得兩腿一軟，險些跪下，嘴裏不住地說：「大人饒命！大人饒命！」卻見朱博將刀晃了一下，一把抓起他寫下的罪狀，三兩下剁成紙屑，扔到紙簍裏去了。

那功曹原已嚇得魂飛魄散，一看這種情景，立刻目瞪口呆，還伸手朝自己的脖子上摸了一下：腦袋瓜果然還在！

「你出去吧！還是繼續當你的功曹。」那功曹如獲大赦，一步一拜地退了出去。自此，他終日如履薄冰，戰戰兢兢，工作起來盡心盡責，不敢有絲毫懈怠。

競爭者的弱點有時眾所周知，有時又隱而不顯。眾所周知的弱點在運用上所收到的效果，當然比不上一些隱情或緋聞。

揪隱私有一個重要的技巧：對對手的弱點善加保密，便可以多次利用同一個把柄抑制他。一旦你掌握的祕密公開了，他便會破罐子破摔，反而可能毫無顧忌地對你施加報復。

9 狐狸總會露出尾巴

人都想掩蓋住自己的弱點和見不得人的醜處，那些狡猾的人城府很深，更難讓人抓住把柄。可是，「道高一尺，魔高一丈」，再狡猾的狐狸也會露出尾巴。

下面介紹幾種厚黑辦法，可用以套出抵賴者、掩蓋者的尾巴，讓他露出馬腳。

一、用激將法，故作無理，帶出馬腳。

一位富婆養了個年輕的小白臉多年。這男子不堪忍受這種金錢與肉體的交易，與另一女子發生戀情。富婆由妒生恨，設計陷害。一天晚上，富婆邀這青年前往別墅欲行床第之歡。青年不允。富婆便將他以強姦之名告上法案。法官問道：「被告，你是否強姦了她？」青年答曰：「強姦了。」法官又問：「強姦幾次？」此時，男青年裝作悔罪的樣子，回答道：「只此一次。望法官念我初犯，從輕處罰。」此語一出，富婆在廳下大喊：「我倆同居多年，他強姦我足有幾百次了！」

這下子，富婆不打自招了，那位青年被判無罪，也由此擺脫了她的糾纏，與另一名女子建立起自己的家庭。

二、用恐嚇、打草驚蛇，詐開其口。

唐朝有個縣令，名叫王魯，就任以後，一直暗中貪污受賄。下級官吏也跟著效法，百姓怨聲載道，苦不堪言。有一天，王魯得知上司要來察訪民情，整肅吏治，不禁擔憂起自己頭上的烏紗帽來。

一天，在批閱公文時，正好看到本縣百姓連名告發他手下的主簿受賄的狀子，更是心急如焚，神情恍惚。憂慮中，他鬼使神差地在一張狀子上批下「汝勿打草，否則驚蛇」八個紅字，流露出唯恐主簿被告發，牽連到自己的恐懼之情。

無意識地打草驚蛇，會使對手有所警覺，預作防範；有意識地打著蛇，卻可以使對手驚慌失措，答應你所有的要求。

有些法官很善於使用這種打草驚蛇的策略，故意說出已知的一點事，使罪犯相信（誤以為）他已掌握了全部罪證。罪犯於是稀哩嘩啦地把所知道或所做的一切全部抖落出來。

三、繞圈子，引蛇出洞，設下圈套。

這種技法的含義，就是自己已經掌握了足以制服對手的有力證據，卻因時機不成熟或環境不適宜而不便拋出。為了能夠拋出證據，必須採取一些措施，引誘對手進入自己所需的時機或環境之中，然後一舉將其擊潰。

實施這種技法的關鍵在於「引」。

「引」有兩個環節：

一、即時機與環境。何時引，每一步引到什麼程度，所引的到底適不適合，都要考慮。操之過急或行之遲緩，都不相宜。

二、是巧妙與自然。既然是要對手的思路按照自己的願望發展，就得要求引者不可露出破綻，必須天衣無縫，渾然天成，一步一步地向預定目標靠攏。

10 沒有把柄，就造一個

說起製造把柄的厚黑技術，明朝張居正用一個把柄安到兩個人身上的手段，當真令人歎為觀止。

明神宗朱翊鈞即位時才10歲，朝廷大權由三個人分掌：宮內有太監馮保，宮外有內閣大學士高拱和張居正。其中數張居正最為詭計多端。為了獨攬大權，他想出了一條一石二鳥的毒計。他先與高拱套近乎，拉關係，稱兄道弟。明初，太祖因漢、唐兩代宦官亂政的教訓，對太監限制很嚴，太監名聲不佳。高拱見張居正與自己親近，自然喜不自禁，將他視為知己，遇事都與他商議。

第一步成了，張居正就開始了第二步。他派一名死士扮作太監模樣，混進宮去行刺皇上，並故意被眾太監拿住。但無論怎麼審訊，那刺客都不講是誰主使。馮保無奈，只好向張居正求教。

張居正裝模作樣地說：「那刺客扮作太監模樣，分明是要嫁禍於您。權要大臣中，您與誰有過節呢？」

馮保一想，權要大臣分明是指張居正自己和高拱。他又想起高拱對自己的輕蔑和兩人的幾次爭辯。看來是高拱想整死自己。

再次升堂，馮保對刺客說：「我已知是高拱派你來的了。只要你招出高拱是主謀，我便不殺你，還保你做官。」刺客忙點頭承認，當庭畫押。

神宗見刺客招供，心中生氣。但念高拱是前朝老臣，只暗示他告老隱退。

張居正又讓刺客翻供。神宗聽說刺客翻供，親自審問。刺客說，原先的供詞是一個太監審問時教他說的。他指了一下站在神宗身旁的馮保，說：「就是他！」

神宗恨馮保拿刺殺自己的案子當兒戲，竟用來當作打擊政敵的圈套，從此以後也就疏遠了他。至此，張居正大獲全勝。

張居正先造好了一個刺殺的把柄，用離間計，讓馮保把它發作在高拱身上。搞倒高拱後又通過翻供，將把柄稍加修理，又安在馮保頭上，實現了自己的奪權大計。

清朝雍正皇帝在位時，按察使王士俊被派到河東做官。正要離開京城時，大學士張廷玉把一個很強壯的傭人推薦給他。到任後，此人辦事很老練，又謹慎。時間一長，王士俊很看重他，把他當成心腹。期滿準備回京時，這傭人忽然要求告辭離去。王士俊非常奇怪，問他為什麼。那人回答：「我是皇上的侍衛，是皇上叫我跟著你。

你幾年來做官，沒什麼大差錯。我先行一步，回京城去稟報皇上，先替你說幾句好話。」王士俊一聽，可嚇壞了，好長一段時間，一想到這件事，兩腿就直發抖。幸虧自己沒有虧待過這人！要是對他不好，這條命就不保了。

為人處世，要像王士俊一樣懂得矜持；交朋友也要有城府。否則難免授人以柄，後患無窮。總之，袒露之心正如一個被脫光衣服的姑娘，在眾人的目光下無地自容。對人交心太危險了，因為你有了讓人控制的把柄，

我們知道，悄悄話大多是在兩人之間傳播。試問，你一個人能夠證明我有此一說嗎？而且，對方出於憤怒，很可能狠狠還擊，跟編小說一樣編出你的悄悄話，以十倍於你的兵力，將你置於有口難辯的境地，縱然兩敗俱傷，也好過白白被你出賣。結果如何呢？你本是討好賣乖，求名逐利，或發泄私憤，算計別人，不巧卻被悄悄話所害。所以，聽了悄悄話，絕不可往外抖，免得人家反咬一口。

許多人打碎鏡子，是因為鏡子讓他們看到自己的醜陋。最後應該特別強調的是：講出祕密，會陷你於不利，聽祕密也不安全。許多人就因為分享了別人的祕密而不得善終，因為對方不能忍受那些見過他們醜相的人。假如你知道了別人不光彩的底細，別人看你的目光絕不會友善。尤其是有權有勢的人，必定會找機會打擊你。

總而言之，祕密，聽不得，講不得。

11 活學活用激將術

激將術一般有下列幾種：吹鬍子瞪眼睛，敲桌子點鼻子，惹人發怒；用高帽趕鴨子上架；故意貶低對手，挑起他好勝之心；冷冷冰冰，或佯裝不信，使人吐露真言。對壘之中，一、是看忍功耐心，誰更冷靜，二、是看誰的演技更天衣無縫，使對方察覺不到自己的真實意圖。

春秋時代的晏子博學多才，聰明機智，是齊國有名的政治家，為齊國的富強做了很多貢獻。

景公當政時，齊國有三個大力士，公孫捷、田開疆、古治子，號稱「齊國三傑」。他們因為勇猛非常，很受景公寵愛。晏子遇到這三個人，總是恭恭敬敬地快步走過去。可是這三個人每當見晏子走過來，坐在那裏連站都不站起來，根本不把晏子放在眼裏。他們仗著齊景公的寵愛，為所欲有。

當時，齊國的田氏勢力越來越大，聯合國內幾家大貴族，打敗了掌握實權的欒氏和高氏，威望越來越高，直接威脅到國君的統治。田開疆正屬於田氏一族。晏子很擔心「三傑」為田氏效力，危害國家，想把他們除掉，又怕國君不聽，反倒壞了事。於是，他心裏暗暗拿定了主意：用計謀除掉他們。

一天，魯昭公來齊國訪問，齊景公設宴招待。「三傑」佩劍立於堂下，態度十分傲慢。待兩位國君喝得半醉，晏子說：「園中的金桃已經熟了，摘幾個來請兩位國君嘗嘗鮮吧！」景公立刻派人去摘。晏子說：「金桃很難得，我得親自去。」

不一會兒，晏子領著園吏，端著玉盤，獻上六個桃子。景公問道：「就結了這幾個嗎？」晏子回道：「還有幾個，不太熟，只摘了這六個。」說完就恭恭敬敬地獻給魯昭公、齊景公每人一個金桃。魯昭公邊說邊誇金桃味道甘美。齊景公說，這金桃不易得到。魯國大臣叔孫大夫和晏子也每人吃了一個。

晏子說：「盤中還剩下兩個金桃，請君王傳令各位大臣，讓他們都說一說自己的功勞，誰功勞大，就賞給誰吃。」景公說：「這樣很好。」便傳下令去。

話音未落，公孫捷走了過來，得意洋洋地說：「我曾跟著主公上山打獵，忽然一隻吊睛大虎向主公撲來，我用盡全力，將老虎打死，救了主公的性命，如此大功，還不該吃個桃嗎？」

晏子說：「冒死救主，功比泰山，應該吃一個桃。」

公孫捷接過桃子走了。

古治子喊道：「打死一隻老虎有什麼稀奇！我護送主公過黃河時，有一隻鼉咬住了主公座騎的腿，一下子就把馬拖到急流中去了。我跳到河裏把鼉殺死，救了主公。像這樣大的功勞，該不該吃個桃？」

景公說：「那時候黃河波濤洶湧，要不是將軍斬除鼉怪，我的命就保不住了。這是蓋世奇功，理應吃個桃。」

晏子急忙送給古冶子一個金桃。

田開疆眼看金桃分完了，急得跳起來大喊：「我曾奉命討伐徐國，殺了他們的主將，抓了五百多個俘虜，嚇得徐國國軍稱臣納貢，鄰近幾個小國也紛紛歸附咱們齊國，這樣的大功，難道不能吃個桃子嗎？」

晏子忙說：「田將軍的功勞比公孫將軍和古冶將軍大十倍，可是金桃已經分完，請喝一杯酒吧！等樹上的金桃熟了，先請您吃。」

齊景公也說：「你的功勞最大，可惜說晚了。」

田開疆手按劍把，氣呼呼地說：「斬鼉打虎，有什麼了不起！我跋涉千里，出生入死，反而吃不到桃子，在兩國君主面前受到這樣的羞辱，還有什麼臉著？」言罷，竟然揮劍自刎。

公孫捷大吃一驚，拔出劍來，說：「我的功勞小而吃了桃，真沒臉活了！」說完也自殺了。

古治子沈不住氣，說：「我們三人是兄弟之交，他們都死了，我怎能一個人活著？」說完也拔劍自刎。

魯昭公看到這個場面，無限惋惜地說：「我聽說三位將軍都有萬夫不當之勇，可惜為了一個桃子，竟都死了。」

可惜是可惜，碰上了晏子這位激將法的祖師爺，也只有死路一條。

激將法的基本原理便是讓對手的好勝之心一躍而起，把什麼都放在一邊，命也不要地去跳你設置好的陷阱。

施用激將法，除了要考慮對手的身分之外，還要注意觀察他的性格。一般說來，一個人的性格特點會經由自身的言談舉止、表情等流露出來。快言快語、舉止輕捷、眼神鋒利、情緒易衝動的人，通常性格急躁；急率熱情、活潑好動、反應迅速、喜歡交往的人，往往性格開朗；表情細膩、眼神穩定、說話慢條斯理、舉止注意分寸的人，多半性格穩重；安靜、抑鬱、不苟言笑、喜歡獨處、不善交往的人，大多是性格孤僻；口出大言、自吹自擂、好為人師的人，多數驕傲自負；懂禮貌、講信義、實事求是、心平氣和、尊重別人的人，必然謙虛謹慎。

對於這些不同性格的對象，一定要具體分析，區別對待。

比如，對待傲氣十足的人，如果他面子看得很重又講究分寸，你不妨從正面恭維入手，讓他飄飄然，從而因虛榮而順從你的意圖。這種類型的人只要你說他長得高，他便會踮起腳給你看。

諸葛亮對關羽，便採取此法。馬超歸順劉備之後，關羽屢次要與馬超比武。為了避免二虎相鬥，必有一傷的結局，諸葛亮給關羽寫了一封信：「我聽說關將軍將與馬超比武。依我看來，馬超雖英勇過人，但只能與翼德並驅爭先，怎麼能與你美髯公相提並論？再說將軍擔任鎮守荊州的重任，若因離開而造成損失，罪過有多大啊！」

關羽看完了信，笑了笑：「還是孔明知道我的心啊！」他將書信拿給賓客傳看，就此打消了入川比武的念頭。

看來，諸葛亮的激將之術絕對不遜於晏子。他的激將法使得已臻化境，為人把脈尤其準確，簡直是神醫。

12 正話也可以反說

有一對夫妻，丈夫趁妻子周末回娘家之際，邀請自己的哥兒們在家吃喝玩樂，弄得杯盤狼藉，全都醉倒床上。這時，妻子突然提早回來了，見此狀，立即拿出主婦的威風，大喊：「都給我起來！」

自然，丈夫的哥兒們前腳一走，後腳便是夫妻之間爆發內戰。兩人針鋒相對，寸土不讓，爭吵得十分激烈。丈夫怒不可遏，高高地舉起一隻巴掌。那妻子突然狂笑道：「好，好！沒想到你還真進入角色了。你打吧！這一巴掌打下去，你會後悔一輩子的！」說也奇怪，此言一出，丈夫那高舉的手掌便嗒然落下，一場沖天怒氣也化為烏有了。

這種逆反心理的應用，也是一種好的激將法。對於有些人，在某種事情上，你禁止他做，他便會禁不住去做，尤其是倔強的人更會如此。反之，你放手不管，說「你儘管做吧」，對方反而不願服從，或者起了懷疑，結果就不去幹了。懂得這個道理，便可在很多場合中操縱人心。

受令「用功讀書」，便不想念書；規定「未成年者不可抽菸」，便想偷偷地抽抽看。這種情況，並不只限於孩童才會發生。人一旦被人指示或命令，就會本能地產生反抗心理。

如果能夠逆用這種人性的弱點，往往可以收到奇效。

到迪士尼樂園去，發現園中沒有菸灰缸。問管理員：「此地禁菸嗎？」他回答：「不，不禁菸。要吸菸，菸灰直接往下彈就行。」

但是，環視周圍，卻沒有菸蒂，猜想是清掃員不辭辛勞，把垃圾和菸蒂迅速清除了吧！為此，雖想抽菸，卻覺得不該往一塵不染的地面上丟下菸蒂。在迪士尼樂園，不知是否由於這種心理作用，吸菸的人較想像中少了許多。也許你平日會毫不在乎地亂丟菸蒂，一旦人家公開地說：「請丟！」卻反而不好意思。

對兒童的教育也同此理。光說「給我好好念書」，會產生反效果。偶爾可試著說：「我不管你了，你儘量去玩沒關係！」孩子一聽到你這樣說，就會不好意思毫不顧忌地大玩特玩了。

你如果是個經理，大概知道，總是嚴厲申斥，大吼大叫，職員的工作效率絕不可能提高吧？你可以試著說：「不必那麼認真也可以啊！」看看結果如何？

對工薪階層來說，因為知道業績等於報酬的法則，所以上司的反話反而可能激發他們的幹勁。

一八一二年，拿破崙侵俄失敗，俄、英、普等國組成反法同盟軍，開始反攻。拿破崙雖取得一些戰役的勝利，但總的趨勢每況愈下。法國的盟國奧地利一面積極備戰，一面以停止結盟相威脅，提出了種種條件，被拿破崙斷然拒絕。

一八一三年7月，拿破崙在德累斯頓的馬爾哥和宮會見奧地利使者梅特涅。他想藉此機會施加威脅，並探聽梅特涅最近和沙皇會談的結果。他腰懸寶劍，腋下挾著帽子，威儀十足。說了幾句客套話，問候了弗蘭西斯皇帝後，他面孔一沈，單刀直入：「原來你們也想打仗。好吧，仗是有你們打的。我已經在包岑打敗了俄國，現在你們希望輪到自己了。你們願意這樣就這樣吧！咱們在維也納見。你們本性難移，過去的教訓對你們毫無作用。我已經三次讓弗蘭西斯皇帝重新登上皇位，答應永遠和他和平相處，並娶了他的女兒。當時我對自己說：『你幹的是蠢事！』但到底還是幹了。現在我後悔了！」

梅特涅看到對手忘了自己的尊嚴，卻愈發冷靜，故意刺激這頭好鬥的野牛。他提醒拿破崙說：「和平取決於你。你的勢力必須縮小到合理的限度！不然，你會在今後的鬥爭中垮臺！」

拿破崙被激怒了，大聲說道：「任何同盟都嚇不倒我！不管你們兵力多麼強大，我都能制勝。」接著，他說他對奧地利的軍隊有準確的瞭解，每天都收到這方面的詳細情報，等等。

梅特涅打斷他的話，提醒他，如今他的士兵不是大人，都是小孩。

拿破崙激動地回答：「你不懂得一個軍人是怎麼想的。像我這樣的人，不大在乎百萬人的生命。」

說完，他把帽子扔到一邊。特特涅並沒有替他撿起來。

拿破崙注意到這無言的蔑視，只得繼續說下去：「我和一位公主結婚，是想把新的和舊的、中世紀的偏見和我這個世紀的制度融為一體。那是自己騙自己。現在我充分認識到自己的錯誤。也許我的寶座會因此倒塌了。不過，我要使這個世界埋在一片廢墟之中。」

梅特涅無動於衷。

拿破崙威嚇不成，就改用甜言蜜語，哄騙籠絡。他在把梅特涅打發走的時候，拍一拍這位奧地利大臣的肩膀，語言平和地說：「好啦！你知道事情會怎麼樣？你不會對我開戰吧！」

梅特涅馬上答道：「陛下，你完了。來時我已有此預感，現在更肯定無疑了。」

後來他又對人說：「他什麼都給我講清楚了。這個人一切都完了。」

不久，奧地利加入第六次反法同盟的行列。

很顯然，在這次較量中，勝利者是梅特涅。一貫以權謀多變著稱的拿破崙不能控制自己憤怒的情緒，連連失態，說些大話、氣話，想脅迫梅特涅。相反，梅特涅卻冷靜沈著，不失時機地以言辭激怒拿破崙。他話語不多，但他一則表達了對和平的看法，二則得出結論：拿破崙固執己見，不思變通，在同盟軍聯合進攻下，其失敗的命運是注定的。後來的結果真的被他料中了。

拿破崙可能也用了激將法，結果他自己卻先熱了起來。

激將法常被用於探測對手的意圖與態度。關鍵之處在於：對於別人高深莫測的隻言片語，你要佯裝不屑一顧，暗中揣度對方的心底，並使他將自己的祕密引到舌端。對方一旦發燒，便會不顧一切地吐而後快，落入你精心巧設的羅網中。

這個技巧可用於日常交談之中。對手打開話匣子時，你佯裝懷疑。這種手法要在不知不覺中使出，令對方情不自禁地就範。此乃渾然天成的激將妙法也。

ch.3

貪小便宜往往因小失大

1 有失才有得

一個人不可能只憑自己的力量去闖世界，即使是那些白手起家的人，也需要借助眾人的支持才可能成功。問及他們成功的經驗，他們之中的大多數總會對自己的講求信譽和以誠經營而感到欣慰。講信譽，講誠信，送給別人一個人情，表現自己的誠意，你會收到意想不到的回報。

要賺人家的錢，你應當在心中存著這樣一個信念：社會上所有的人都能幫助你，所以你要對這個社會心存感激。這會使你賺錢的信念變得更加強烈，並幫你糾正一些對賺錢的錯誤看法。

「天外有天，人外有人。」即使你有許多長處，也不要沾沾自喜，目空一切。你若看不起人，人家也會看不起你。同樣，如果你對人搞欺騙，使手段，早晚會被人識破，那麼人家也會借用你所使用過的手段來回報你。真正的厚黑專家不會這麼做的。

你答應為人做的事不要過多，因為你有可能無法一一兌現。一旦其中有一件事情落空，就不會好交了。這樣的事發生兩次，三次，你的形象就會在人家的心目中逐次降低。久而久之，你的威信就會一掃而光。到時候，誰還會尊重你，幫助你，你還怎麼能賺到錢？

自己能辦到的事，不要請人幫忙，免得讓人說你無能；答應人家的事，一定要盡力完成，否則別人會認為你能力不夠，而且沒信用。別人願意幫你是一回事，你請求人家幫助又是另一個事。另外，你也不可強使人家做他們不願做的事。因為即使他們按照你的意圖做了，心裏也一定很不痛快。但是，即使你不願欠人家的人情債，在現實生活中，你仍可能不知不覺中受到人家的好處。人生就是這樣。所以沒有人情味的人往往會被別人說成是冷血動物，遭到別人的冷遇。

以這種觀點與他人交往，你的心裏才能坦蕩蕩，毫無牽絆。當然，不是所有人都會積極地償還欠你的人情債。不過，總會有人還的。因此，有機會，你還是應該讓別人欠你人情債。終有一天，你會連本帶利收回的。這才是厚黑的最高境界。

臺灣良機實業總公司總經理張廣博素有「水塔王」之稱。他幼時家境貧寒，很小的時候就要幫人割草、放牛或賣冰棒以補貼家用。在那段辛勤苦幹的童年時光，幼小的張廣博領悟到許多令他以後受益無窮的為人處世之道，其中令他最難以忘懷的是賣冰棒時所帶給他的啟示。

念小學時，每逢夏日，放學之後，張廣博都會背上一個裝著四十根冰棒的木箱沿街叫賣。有一天，剛剛賣出三支冰棒，卻因暴雨突至，氣溫驟降，任憑他如何叫賣，也無人問津。眼見箱內所剩的三十七支冰棒就要化掉了，他很著急，不時打開箱子察看。誰知由於開箱次數太多，外面熱氣侵入，更加速融化。這下子可把他急壞了。他心想：反正就要化掉了，不吃白不吃。於是，他把所剩的三十七根冰棒吃個精光。

張廣博本來就有點感冒，這次又一下吃掉那麼多冰棒，結果病情加重，轉為重感冒。他迷迷糊糊地在床上躺了兩個多月才逐漸康復。

這次慘痛的教訓使他深刻地認識到，一件事在面臨抉擇之際，有時要鍥而不捨，緊咬不放，有時卻必須當機立斷，忍痛割愛，才不至於因小失大。

商業競爭，眼光必須放長，不怕眼前暫時的損失。潮起潮落，航標不變，只要把握準方向，定會在起伏漲落皆無常的商場中財源滾滾而來。

有時候，成功與失敗只有一線之隔：決策正確就成功，決策錯誤就意味著失敗。觀察一下你周圍的人，那些事業成功，家境富有的並不必然極聰明、極有學識。他們大多深知「欲取先予」的厚黑之道。耍小聰明，往往不能發大財。

2 遊俠郭解也是厚黑高手

《史記》中記載了一個故事：遊俠郭解雖是一介平民，卻很受人敬重。這種敬重的獲得，就得自他知道如何利用人性的弱點去收買人心。

司馬遷對郭解的評價是：郭解外表其貌不揚，並不比常人多些什麼，言談舉止也無超凡之處。但是，與他交往的人都很敬慕他、欣賞他、信任他。這無非是因為他善於籠絡人心罷了。

有一次，郭解通過「採聽」別人的意見，收買了一個人的心，卻是拿著自己外甥的性命為代價。

他的姊姊膝下有一小兒，長大成人後，由於嬌寵成性，養下惡習，倚仗他這個舅舅結交甚廣，受人敬畏的勢力，經常飛揚跋扈，驕氣凌人，對人粗暴無禮。

有一天，這外甥在街上閒逛，瞅瞅這邊，瞧瞧那邊，閑極無聊。忽然，抬頭看見一個男子，身材和自己差不多，長相也無特別之處，只是鼻子右側有一顆米粒兒大的朱砂痣，格外顯眼，遠遠看去，就像被人在臉上用紅墨點了一滴似的。他心中覺得好笑，迎面走了過去，一拍那個男子的肩膀說：「嗨，哥兒們，咱們喝杯酒去！」

那人大吃一驚，上下看了看對方，不認識，心中納悶，趕緊一拱手，笑道：「這位小哥，你怕是認錯人了吧！你我素昧平生，不知小哥為何要請我喝酒？」

郭解的外甥仰頭大笑，說：「你不認識我，我可認識你，因為你的鼻子旁總趴著一隻紅蒼蠅。哈哈哈！走，喝酒去！」

那男子經他一說，右手下意識地捂住了鼻側的朱砂痣，臉色立時脹得通紅，心中老大不痛快。但他忍住怒火，笑道：「小哥，改日吧！我今天還有些急事。改日一定奉陪，告辭。」

說著側身要走。郭解的外甥一把抓住他，嚷道：「嘿嘿！你是不認識我吧！郭解是我親娘舅唷！請你，是看得起你哪！」

他不由分說，拉著那男子便往酒館裏進去。那男子一想，多一事不如少一事，見這小子明擺著是個潑皮，還是別惹他，喝兩杯敷衍過去也就結了。

郭解的外甥素日霸道，酒館的夥計們都知道，一見他來，趕緊跑過來，堆著笑臉招呼：「二位客官要點什麼？」

郭解的外甥一擺手，喝道：「隨便上些好菜，多弄點好酒。我今天要和這們朋友一醉方休。」

小夥計一哈腰，嘴裏答應一聲：「二位稍至，馬上就來——」

那位朱砂痣的男子也沒說話，一屁股坐在桌邊的條凳上。

隨後，跑堂的端來了酒菜。郭解的外甥拿起酒壺，倒了兩大碗，端給朱砂痣男子一碗，說：「來來來，乾了這一碗！」

那男子看了看酒，又看看郭解的外甥，見他已經將那碗酒喝了，沒有辦法，端起碗，皺著眉頭喝了下去。郭解的外甥馬上又將兩碗倒滿，又乾了一碗。他竟然一口氣連乾了三碗。

那男子陪了三碗，已覺得有些頭暈，便說：「這位小哥，實在抱歉，我不勝酒力，不能再喝了！」

郭解的外甥卻早又將酒倒上，一聽，眼睛一瞪，說：「少給我裝熊！三大碗你都乾了，還說什麼不勝酒力！難不成你以為我不能喝呀……乾！」

那男子趕緊擺手，陪著笑臉說：「不不不！我絕非那個意思！我的酒量真的有限。再者，我真的有事要辦，不能再喝了，請小哥見諒。」

說完起身要走。郭解的外甥蹭地站起身來，一伸手將他抓住，逼視著他，笑道：「既然喝上了，我又點了這麼多菜，你不喝就走，怎麼可以？喝！」

那男子見他眼珠子通紅，心中的火氣陡增了幾分，卻仍使勁按捺住，說：「這頓酒菜我付賬。我是真不能再喝了。你讓我走吧！」

郭解的外甥死纏不放：「不行！這酒你不喝也得喝！」

那男子忍不住衝口而出：「我就不喝！你能怎麼樣？」

郭解的外甥一聽，樂了，說：「怎麼樣？嘿嘿，你敢不喝，就別怪我不客氣！」說著，端起酒，拽著那男子，就要強行灌到他的嘴裡。

那男子再也壓不住心中的火氣，招手便是一拳，正打在郭解的外甥的鼻子上。這小子猝不及防，被打得眼冒金星，頭往後一仰，身子又被絆了一下，仰倒下去。說來巧得很，他的後腦軟骨處正好磕在身後的桌角上，只聽「哧」一聲，漿血直冒，噴出老遠。隨即摔倒地上，手抓腳蹬，斷了氣。

出了人命，酒館裏頓時大亂。那男子嚇得不輕，酒勁也醒透了，愣了愣，趕緊轉身逃命而去。

郭解的姊姊知道兒子被人殺死，痛哭欲絕，叫罵著要為兒子報仇。她哭喊著來找郭解，要弟弟趕緊去尋找仇人，一定要殺了他，為自己的兒子報仇。

郭解平時也曾聽人說起外甥的惡事，知道他平日不學好，但怎麼說也不至於被殺，聽姊姊哭訴，心中也異常生氣，答應姊姊，他一定會尋到仇人，為外甥報仇。

後來，那男子也實在無路可逃，便直接來找郭解，承認是自己殺了他的外甥。出乎這男子的預料，郭解很平靜地問道：「不知我那外甥與你有何怨仇，竟至於惹你下此狠手？」

這男子便將那日的經過敘述了一遍。然後說：「素聞郭大俠為人仗義，耿直守信，在下也久慕大名，卻不想令甥竟是如此刁蠻，倚仗大俠的威望，仗勢欺人，非要我陪他喝酒。我酒力不勝，無法再喝，他又硬要灌我。常言說：士可殺，不可辱。是可忍，孰不可忍。我實忍無可忍。本欲打他幾下，給他個教訓，哪想到他向後一仰，後腦勺正好撞在桌子角上，立時氣絕。見勢不妙，我便跑了。今番前來自首，將事情說個明白，任憑郭大俠處置！」

郭解聽完，皺著眉頭，眼睛打量著眼前的男子，半晌沒說話。隨後，他站起身，在廳堂裡踱來踱去。

好一會兒，他才說：「這麼說，我外甥不是你親手殺死，只是事情湊巧，誤殺了他。責任既不在你，我不會難為你的。」

那男子一聽，當場呆在那裏，大瞪著兩眼。

郭解又說：「你可以走啦！」

那人回過神來，簡直不敢相信自己的耳朵，忽地撲通一聲跪下，道：「郭大俠胸懷大義，襟懷寬廣，實在令我五體投地。令甥之死，雖屬誤傷，但我也絕非沒有干係，大俠能夠不計嫌仇，饒我不死，我真不知該怎樣感恩才是。」

郭解笑了，伸手扶起他，說：「不必如此，不必如此！我那甥兒自食其果，唉，也是他在劫難逃，怨不得別人！我怎能為了一己私情，拋了『義』字呢！他咎由自取，你不必感激我。」

那男子心中崇敬異常，慨然道：「郭大俠，我雖不才，但這條命既是俠士相贈，就應為俠士效勞。若有用得著我的地方，您儘管吩咐，我願為大俠肝腦塗地。」

這正是郭解收買人心，厚黑之術的高明所在。

3 建立自己的「人情帳戶」

俗話說：「在家靠父母，出門靠朋友。」多個朋友多條路。想要人愛己，己須先愛人。諸位當時刻存著樂善好施、成人之美的心思，才能為自己多儲存些人情債權。這就如同一個人為防不測，須養成「儲蓄」的習慣。這甚至可讓子孫後代得到庇蔭。

究竟怎樣去結得人情，並無一定的規則。

對一個身陷困境的窮人，一枚銅板的幫助，就可能使他度過極度的饑餓和困苦。

對一個執迷不悟的浪子，一次促膝交心，也可能使他建立做人的尊嚴和自信，懸崖勒馬，之後奔馳於希望的原野，成為一名勇士。

在平常日子，對別人的行動送去一縷信任的眼神，無形中就可能正好契合了他心中的靈感；對別人的見解報以一陣贊同的掌聲，無意中可能就是對他最大的支持。

對一個陌生人很隨意的一次幫助，也可能使他突然悟到真情的可貴。

人生在世，既需要別人的幫助，又需要幫助別人。幫人就是積善。沒有比幫助人更能體現一個人寬廣的胸懷和慷慨的氣度了。不要小看對一個失意的人說一句暖心的話，對一個將倒的人輕輕扶一把，對一個無望的人賦予真摯的信任。這樣做，自己什麼都不會失去，卻可以幫助一個人產生勇氣，使他得到鼓勵。

相反，不肯幫助人，總是太看重自己絲絲縷縷的得失，這樣的人目光中不免泛著麻木的神色，心中也會時不時泛起一些陰暗的沈渣。別人的困難，他當作自己得意的資本；別人的失敗，他看成安慰自己的笑料；別人伸出求助的手，他會冷冷地推開；別人痛苦地呻吟，他無動於衷。路遇不平，他不會拔刀相助；經常見死不救，而且滿口理由。自私，使這種人吝嗇到連微弱的同情和絲毫的給予都拿不出，還能奢望他辦成什麼大事。

這樣的人不僅無情，而且心態悲觀、心境黑暗。他的心除了容得下一個可憐的自己，對整個世界一點也不肯關注和付出。其實，他正一步步堵死自己所有可能的路，阻卻所有可能來自他人的幫助。

有一次，中山國君設宴款待國內名士。不巧羊肉羹不夠了，無法讓在場的人全都喝到。司馬子期也因為沒有喝到，而懷恨在心，他跑到楚國勸說楚王攻打中山國。楚國是個強國，攻打中山易如反掌。中山被攻破，國王逃到國外。逃走時，他發現有兩個人手拿武器跟隨他，便問道：「你們來幹什麼？」

那兩個人回答：「從前有一個人曾因獲得您賜予的一壺食物而免於餓死，我們就是他的兒子。父親臨死前囑咐，中山有任何事變，我們必須竭盡全力，甚至不惜以死報效國王。」

中山國君聽後，感歎地說：「給與不在乎數量多少，而在於別人是否需要；施怨不在乎深淺，而在於是否傷了別人的心。我因為一杯羊羹而亡國，卻由於一壺食物而得到兩位勇士。」

這段話道出了人際關係的微妙。

在我們的一生中，求人幫忙是立於被動的地位，往往不能如願以償，甚至還會遭到無情地羞辱。但如果是某人欠了你的人情，求他辦事，自然很容易，有時甚至不用自己開口。

4 給人好處別張揚

生活中經常有這樣的人：幫了別人的忙，就覺得有恩於人，於是心懷優越感，高高在上，不可一世。這種態度很危險，常常會引發反面效果：幫了別人的忙，沒有增加自己人情帳戶的收入，因為這種驕傲的態度，不但把帳抵消了，反會帶來仇恨。

有一次，洛陽某人因與他人結怨，多次央求地方上有名望的人士出來調停。對方卻不給面子。後來，他找到了郭解，請他出面化解這段恩怨。

郭解接受了這個請求，親自上門拜託委託人的對手，費了許多唇舌，好不容易使這人同意和解。照常理，郭解此時不負人託，完成這一化解恩怨的任務，可以走人了。可他還有更高人一著的棋。

一切講清楚之後，他對那人說：「這件事，聽說許多有名望的人調解過，因不能得到雙方的認可，沒能達成協定。這次我很幸運，你也很給我面子，使我了結了這件事。但我很為自己擔心！我畢竟是外鄉人，在本地人出面不能解決問題的情況下，由我這個外地人完成和解，本地那些有名望的人不免感到大丟面子……請你再幫我一次，表面上要做到讓人以為我出面也未能解決。等我明天離開此地，本地幾位紳士、俠客還會上門，你把面子賣給他們，算作他們完成了此一美舉吧！拜託了！」

人都愛面子，你給人面子，就是給他一份厚禮。有朝一日，你求他辦事，他自然會「還回面子」，即使他感到為難或不是很願意。這便是操作人情帳戶的精義所在。

人總是盡全力保持自己的顏面。為了面子，可能做出常理之外的事。我們必須儘量避免在公眾場合使對手難堪，時時刻刻提醒自己，不要做出任何有關損他人顏面的任何事情。

記住一個物理定律：作用力必然引起相應的反作用力。

所以，幫人忙時，應該注意下列事項：

第一，不要使對方覺得接受你的幫助是一種負擔；

第二，要做得自自然然，勿使對方感受強烈，但日久自會體會出你對他的關心；

第三，幫人時要高高興興，不可心不甘、情不願。幫人時覺得很勉強，意識裏存著「這是為你而做」的想法，設若對方毫無反應，你一定大為生氣，認為：「我這樣辛苦地幫你忙，你還不知感激，太不識好歹了！」這樣的態度和想法，千萬不要表現出來。

如果對方也是一個能為別人考慮的人，你為他幫忙的種種好處，絕不會像打出去的子彈似的一去不回，他一定會用其它方式回報你。對這種知恩圖報的人，更應該經常幫助他。

總之，人際往來，幫忙是互相的。幫忙要講究自自然然，不可故意「打埋伏」，（指事先隱藏起來，然後伺機而動。）以免被幫的人心想：「和他做朋友，處處要有所回報反饋，如果沒用處，肯定會被一腳踢開！」

天下沒有一次性的人情。生活中有許多人抱著「有事有人，無事無人」的態度，把朋友當作受傷後的拐杖，康復後就扔掉。此類人大多會被拋棄，沒有人願意再給他幫忙；他去施恩，大概也沒有人願意領受他的情。

一個缺乏人情味的人，永遠玩不了「施恩」這看似簡單，實則微妙的人情關係術。這種人只會用「互相利用，互相拋棄，彼此心照不宣」來推擋，而不去深思人情世故的奧祕之處，所以無法達到操縱人情自如的境界。

我們內心都有一些需求，有緊迫的，有不重要的。急需的時候受到別人的幫助，內心必定感激不盡，甚至終生不忘。就內心的感受來說，瀕臨餓死時送一根蘿蔔比富貴時送一座金山更覺得情誼珍貴。有某種愛好的人遇到興趣相同的人會興奮不已，視為人生一大快樂。脾氣相投，就能交上朋友。要落人情，便應洞察此中三味。

三國爭霸之前，大軍隊師周瑜過得並不得意。他曾在軍閥袁術轄下為官，當過小小的居巢長官。

一次，當地發生饑荒。因常年兵荒馬亂，糧食問題日漸嚴峻起來。居巢的百姓沒有糧食吃，就吃樹皮、草根，活活餓死了不少人，軍隊也餓得失去了戰鬥力。周瑜身為父母官，看到這悲慘的景象，急得心慌意亂，不知如何是好。

有人獻計，說附近有個樂善好施的財主魯肅，他家素來富裕，想必囤積了不少糧食，不如去向他借。

於是，周瑜帶上人馬，登門拜託魯肅。寒暄之後，周瑜坦白直言：「不瞞老兄，小弟此次造訪，是想借點糧食。」

魯肅一看周瑜丰神俊朗，顯而易見是個才子，日後必成大器，遂哈哈大笑道：「此乃區區小事，我當竭誠相助。」

魯肅親自帶周瑜去查看糧倉。這時魯家存有兩倉糧食，各三千擔。他痛快地說：「也別提什麼借不借的，我把其中一倉送與你好了。」

周瑜一聽魯肅如此慷慨大方，愣住了。要知道，饑饉之年，糧食就是生命啊！他被魯肅的言行深深感動了，兩人當下就交上了朋友。

後來周瑜發達了，當上了大將軍，他牢記魯肅的恩德，將他推薦給孫權。魯肅終於得到了闖開一番事業的機會了。

對身處困境的人僅有同情之心是不夠的，應給予具體的幫助，使其渡過難關。這種雪中送炭、分憂解難的行為最易引起對方的感激之情，進而產生友情。比如，一個人做生意賠了本，他向幾位好朋友借錢，都遭回絕。後來他只好向一位平時交往不多的人求援，對方聽了毫不猶豫地答應了他，使他渡過難關，他從內心裏感激。不久，他發達了，時常惦記這位拔刀相助的朋友，常常給對方特別的關照。

還有一點厚黑技巧與各位分享：飲足井水者，往往離井而去。所以你應該適度地控制，讓他總是有點渴，對你產生依賴感。一旦他對你失去依賴心，或許就不再對你必恭必敬了。所以，刺激下屬享受的欲望而又不給予全部滿足，而是一次一點，可使其保持幹勁，繼續為你賣命。

5 用別人的錢，辦自己的事

商業活動都是以金錢為媒介。沒有金錢，一切交易都是空的。然而，面對良機，若手中無錢，怎麼辦？生意興隆，資金周轉不開，又怎麼辦？擴大生產，缺少資金，又該如何？自古以來，別無二致：除了借貸，別無它法。

資金是打開商業之門的重要關口，成功地借用他人的資金是致富的重要手段。借債還錢，理所當然，天經地義。然而，不少人卻總是圍繞借債還錢之事，發生一些糾紛。顯而易見，只借而不按時還，是問題的焦點。當借方沒有能力償還債務時，借貸雙方肯定會關係惡化。因此，請你注意，借錢有時會破壞人與人的關係，必須非常注意借貨的遊戲規則。應該先小人，後君子，事先講明利害關係，免得事後因分配不公而導致不歡而散，影響人際關係。

借錢有個秘訣，那就是：每次只借一小筆。這樣，每當借錢時，只要對方有足夠的錢，他就會同意。還有一點很關鍵：每次借錢時，必須主動講明歸還的日期，而且保證不延期。

借小筆錢的好處：有利於消除對方的心理障礙；有利於按期歸還；有利於對方對你的信任。還錢也有方法：還錢要及時，不要轉手，親自去還，再次道謝。

希臘船王歐納西斯幾乎無人不知。他擁有龐大的船隊，得以躋身於世界大富豪之列。但你未必知道，美國也有一位船王，他的財富和歐納西斯相比，有過之而無不及。只是他的聲名遠不如歐納西斯那麼顯赫！他叫丹尼爾·洛維格。

洛維格從小就知道借錢——賺錢——還錢——再借錢——再賺錢的原理。他的父親是個房地產生意的經紀人。洛維格10歲時，父母因個性不合而離婚。他跟隨父親離開家鄉，來到德克薩斯州的小城——阿瑟港，一個以航運業為主的城市。洛維格對船情有獨鍾，幾乎到了著迷的程度。為此，高中沒念完，他就去碼頭工作。起先為一些船主做幫工，拆裝修理輪船引擎。

他對這一行具有出奇的靈氣，簡直稱得上無師自通。第一次借錢做生意的時候，他12歲。他偶然獲悉鄰居有條柴油機帆船沈在水底，船主人想放棄它。他向父親借了50美元，用其中一部分雇了人把船打撈起來，又用一部分從船主人手裏買下它，然後用剩下的錢，請人把那條幾乎報廢的帆船修理好，再轉手賣了出去。這樣，他淨賺了50美元。他知道，如果沒有父親的那50美元，他就難以做成這筆交易。

到了近30歲時，他的靈感開始迸發。童年那次賺錢的經歷浮現在他的腦海。他領悟到，對於一貧如洗的人，想擁有資本，就得借貸，用別人的錢開創自己的事業，為自己賺更多的錢。

他能選擇的惟一辦法就是向銀行申請個人貸款。在相當長的日子裏，紐約的很多家銀行裏都能見到他忙碌的身影。他得說服銀行家貸給他一筆款子，並使他們相信他有償還貸款本金及利息的能力。可是，銀行給他的請求都一一給予了拒絕。理由很簡單：他幾乎一無所有，貸款給他這樣的人風險很大。

希望一個個像肥皂泡般破滅了。就在絕望之際，洛維格突然計上心來。他有一條尚能航行的老油輪。他把它重新修理，改裝，精心「打扮」了一番，以低廉的價格包租給一家大石油公司。然後，他帶著租約，去找紐約大通銀行，說他有一艘被大石油公司包租的油輪，如果銀行肯貸款給他，他可以讓石油公司把每月的租金直接轉給銀行，分期抵付銀行貸款的本金和利息。

經過研究，大通銀行答應了洛維格的要求。大通銀行有其理由：儘管洛維格本身沒有資產，但那家石油公司有足夠的信譽和良好的經濟效益；只要那條油輪還能行駛，那家石油公司未破產倒閉，這筆租金肯定會按時入帳的。洛維格思維巧妙之處在於他利用石油公司的信譽，為自己的貸款提供了擔保。

他拿到了大通銀行的第一筆貸款，馬上買下一艘貨輪，然後動手加以改裝，使之成為一條裝載量很大的油輪。他採取同樣的方式，把油輪包租給石油公司，獲取租金，然後又以包租金為抵押，重新像銀行貸款，然後又去買船，如此循環往復，像滾雪球似的，一艘又一艘油輪被他買下，然後租出去。待貸款還清，整艘油輪就屬於他了。隨著一筆筆貸款逐漸還清，油輪的包租金不再用來抵付給銀行，而轉進了他的私人賬戶。

洛維格擁有的船隻越來越多，包租金也滾滾而來。他不斷積聚著資本，生意越做越大。不僅是大通銀行，許多其它銀行也開始支持他，不斷貸給他數目不小的款項。

他沒有就此滿足，又有了一個新構想：自己建造油輪出租。

在常人看來，這是極為冒險的舉措。投入了大筆資金，設計建造好了油輪，萬一沒有人來租，怎麼辦？憑著對船特殊的愛好和對各種船舶設計的精通，洛維格非常清楚什麼樣的人需要什麼類型的船，什麼樣的船能給運輸商帶來最好的經濟效益。他開始為一些顧客「量身訂製」，設計一些油輪和貨船。然後拿著設計好的圖紙，找到顧客。一旦顧客滿意，立即就簽訂協定：船造好後，由這位顧客承租。

拿著這些協定，他向銀行申請高額貸款。此時他在銀行家心目中的地位已與過去不可同日而語。以他的信譽，加上承租人的信譽，他享受到銀行所提供，很少人能享受的「延期償還貸款」待遇。也就是說，在船造好之前，銀行暫時不收回本息；等船下水正式營運後，再開始歸還。這樣一來，他可以先用銀行的錢造船，然後出租，以後就是承租商和銀行的事，只要承租商還清了銀行的貸款本息，他就可以坐取源源不斷的租金，自然而然就成為船的主人了。整個過程，他不用投資一分錢。

可以說，洛維格的基業就是靠貸款建立起來。他的這種「空手套白狼」的賺錢方式，乍看有些荒誕不經，其實每一步驟都很合理，沒有任何讓人難以接受的地方。這種賺錢方式不僅需要他的天才思維，而且需要極大的冒險精神。從此以後，洛維格的船舶王國有了強大的實力抗擊狂風大浪，並因二次世界大戰，跨上了事業的巔峰。

值得警惕的是，如果你不是為了自己的遠大理想和深思熟慮的償還計畫，儘量不要借貸超過自己償還能力的資金。否則，債務會使你變成金錢的奴隸。債務被人們稱為無情的主人。貧窮的力量能夠將自信心、進取心和希望毀滅，倘若再背上一個債務，那麼，任何人都將生活在一片昏暗的天空下。身上有債的人，往往不能將事情處理得清晰完美，也很難得到人們的尊重，從而許多遠大目標也就無從實現了。

6 玩轉你手中的金錢

在市場經濟流通的社會，沒有金錢的生活肯定寸步難行。每個人都需要一定量的財產：房屋、家具、汽車、服裝等等，這些東西都要用錢去換來的。何況，人的消費欲望是無止境的，得到渴望的東西後，還會有更好的東西引發人的欲望。在現代生活中，金錢就等於成功，等於風光的媒介。

卡耐基說：「善用金錢是成功的基礎，金錢能讓你更加充分地體現自我。」你手裏有錢，銀行裏有存款，就能自由自在，可以不理會別人怎樣看待你。經常生活拮据的人，最怕別人看透他的經濟收入，有家的男人更是這樣。為了滿足某個嗜好而將幾塊錢花掉，他就會產生一種發自內心的負罪感，他的欲望受到缺少錢的限制。如果你希望展現自我，渴望自由，那麼，最好的動力就是去賺錢。有了錢，就存起來，存錢是一種好習慣。

透過儲蓄，防患於未然。想改變負債的狀態，擺脫對貧窮的恐懼，應該把借錢購物的習慣改掉，把一切債務償清。解除了債務的後顧之憂，你的意識習慣就會得到改變，逐步走上成功之路。之後，你將體會到儲蓄的樂趣。一旦你在經濟上獲得自主，貧窮已被你克服，並且用儲蓄的習慣取代了它，那麼，積累起一筆財富就很容易了。

沒有錢，就不容易把握機會。這是顯而易見的。未養成儲蓄習慣的人，終生都擺脫不了勞苦。存錢不只是單純地以存為目的，而是為了用更多的錢辦更大的事。

到處都有機遇，但只有手中有錢的人才能抓住。這些人不僅能抓住機會，而且清楚該怎樣利用金錢。很多世界級富豪都是白手起家，因從事貿易或實幹而致富。還有另一類富豪，卻是以雄厚的資本去收購其它公司的股份，或控股，或兼併，或轉賣，靠高額的股權收益升到大富豪的行列。美國多種投資控股公司總裁羅納德・佩雷爾曼就是其中的佼佼者。

一九四三年，佩雷爾曼出生於美國北卡羅萊納州。祖父摩利斯從事金屬加工業，擁有一家三億美元的控股公司。佩雷爾曼從小就跟父親學做生意。在賓夕法尼亞大學讀書時，他用大部分課後時間參與父親公司的經營。一九六四年大學畢業，這位經濟學學士早已滿腹生意經。大學期間，他以八十萬美元買下一家啤酒廠的股份，年後又將其分兩次賣掉，分別獲一百萬美元和二百萬美元，淨賺二百多萬美元，成功地做成了他的第一筆生意。一九六七到六八年，父子倆分別收購了幾家機器製造廠和鋼鐵廠，隨後運用他們握有的股份，對這幾家企業進行資產重組，清除掉一些低利潤的生產部門，優化了資產結構。他們從不惜貸資金，並反對無利交易，形成了人們所熟知的佩氏經營風格。

一九七八年，35歲的佩雷爾曼迫切地想獨立地幹一番事業。他找了個機會，向老父親提出這一要求：「爸爸，您老辛苦了一輩子，也該享幾年清福了。公司的事就交給我吧！」哪知，他的父親是個工作狂，聽了兒子這番話，竟勃然大怒。佩雷爾曼只好帶著妻子及他們的孩子搬到紐約，走上另立門戶的道路。

一九七八年4月，佩雷爾曼以二百萬美元購得科思－哈特菲爾德產業的34％股份。過沒多久，他又賣掉了自己所擁有的這家公司的大部分股份，將資金集中起來炒股票。靠這一買一賣一炒，他不但回收了原有資本，還獲利一千五百萬美元。

從此，他一發不可收，收購、倒賣、控股、吞併，將自己的兼併天才發揮得出神入化。一九八〇年，已是大富豪的佩雷爾曼開始實現他20年前的願望。那時，他們父子倆曾看中新澤西州從事甘草提煉和巧克力生產的麥克和福布斯聯合公司。他一口氣買下這公司四千五百萬美元的股份。這筆生意的成功，使他的公司實力陡增。三年後，他乾脆買下麥克和福布斯聯合公司的全部股份。

將個人的喜好和安危與公司的經營融為一體，是佩雷爾曼的獨特風格。抽菸是他的一大嗜好，從平時對各種名菸的品評，到對各家菸草公司經營狀況予以特別的關注，使他收購菸草公司的欲望日益強烈。一九八四年，他不惜出資一億多美元，買下美國菸草聯合公司。一夜間，他便登上「菸草大王」的寶座。

在佩雷爾曼兼併控股的生涯中，收購瑞福倫化妝品公司是他最得意的傑作。瑞福倫是一家龐大的化妝品跨國公司，其產品暢銷世界一百三十個國家和地區。到20世紀80年代中期，公司每年銷售的化妝品和保健品分別達10億美元。佩雷爾曼對它覬覦已久，只不過一時還沒有足夠的財力吞下這個龐然大物。

一九八五年初，他決定先將其目標轉向佛羅里達州的潘瑞．布萊德超級市場集團。這個集團剛剛擺脫破產的危險，急需要錢，出價較低。但最令佩雷爾曼感興趣的是這集團擁有33億稅收轉賬權。6月初，他買下這集團六千萬美元的優秀股份，占其全部股份的38%。

10月中旬，佩雷爾曼在這場收購戰中終於獲得勝利，以第一大股東的身分，當上瑞福倫化妝品公司的新總裁。一上任，他就大刀闊斧地整頓公司的組織結構。他賣掉瑞福倫大部分贏利甚少乃至虧損的生產保健品的分部門，接著又將所屬機構從一百個削減到二十個，並賣掉公司的噴氣式飛機，只保留了隱形眼鏡實驗室。

與此同時，他將恢復美容化妝品業作為公司的首要任務。他把公司美容業的創始人查爾斯·瑞福森的半身塑像放在辦公大樓的顯著位置，以提醒廣大員工，一定要注重美容化妝品這種傳統產品的開發與生產。當時，受國際美容市場疲軟的影響，美容業在一九七四年到一九八四年，十年之間落入低谷。可目光敏銳的佩雷爾曼卻清醒地看到，化妝品業已經有復蘇的跡象，此刻正是搶佔市場的絕好時機。於是，他全力恢復對化妝品新產品的開發，同時改進廣告宣傳和銷售戰略。他選中電視明星蘇珊·露茜擔任公司的發言人，同時選擇著名的攝影師理查德·埃夫登拍攝公司的廣告。廣告結尾語令人怦然心動：「世界上最令人難忘的女郎，都使用瑞福倫化妝品。」此舉大獲成功。

7 場子要熱，就要吆喝

雖說「慧眼識英雄」，有慧眼的人畢竟太少了。因此，如果不懂得自我推銷，一輩子也別想出人頭地。想要成功，就必須厚著臉皮為自己爭取機會、製造機會，逮到機會就要自我推銷。現代社會，傳播媒體如此發達，只要能善加利用，要給人留下深刻的印象，太容易了。雖然要花點廣告費，但最終總能賺回來。

翻開報紙、雜誌，打開電視機、收音機，瀏覽街頭巷尾，你發現最多的東西是什麼？毫無疑問，是廣告。「酒香不怕巷子深」的年代已經過去了。在當今激烈競爭的資訊化時代，從身處「鬧市」的每個職業者到每一家企業，無不面臨殘酷的競爭壓力，隨時都有被另一個人、另一家企業取而代之的可能。每年都有成千上萬家新企業誕生，同時又有成就上萬家企業關門倒閉。類似的事在人力資源市場也不停地發生。

如何才能始終立於不敗之地，是企業主、職業人士時刻都在思考的大事。關鍵就是：想方設法使自己成為某一方面的無可替代者。於是，將自己打扮成世界獨一無二、無「人」能出其右，利用各種機會宣傳自己，以吸引消費者的注意，贏得消費者的青睞，已成為市場中「人」的普遍做法了。正是許許多多企業充分有效地利用了廣告的宣傳作用，才打開了一扇扇市場大門，一夜間紅遍了一方天地。也正是廣告的傳播作用，許多能工巧匠、人中龍鳳才能成為獵頭公司「捕獵」的目標，成為政府、企業、研究機構等競相挖掘的對象。再好的商品，不擺到顧客前面，也無濟於事。正所謂「酒香也怕巷子深」。

放下你的架子，讓你的面子厚起來，好好地推銷自己吧！

如今幾乎全世界人人皆知的可口可樂飲料，當初就是靠強大的廣告宣傳，才打開了世界各地的市場。

一九九九年，美國舊金山一家形象諮詢公司在美國、日本、西歐，對一萬名消費者進行調查，選出了世界十大著名商標，可口可樂名列第一。這種通行全世界二百九十六個國家和地區的大眾飲料，其銷量獨冠全球，不能不說是公司第二任董事長羅伯特·伍德魯夫的功勞。他在利用廣告宣傳推銷自己的產品方面，堪稱奇才。

「要讓全世界的人都喝可口可樂！」

七十多年前，雄心勃勃的伍德魯夫剛一走馬上任，就響亮地提出這樣的口號。可口可樂以它的獨特風味，深深吸引著全世界的廣大消費者，平均每天的銷售量達10億瓶（罐）以上。而在一百多年前的一八八六年，可口可樂問世的第一年，平均每天才賣出9杯。從9杯發展到現在的10億瓶以上，這無異是個天方夜譚般的神話。

把這樣一種略帶藥味的飲料推到國際市場，使全世界飲食習慣各異的人都能接受它，談何容易！一九一九年，目光敏銳的老伍德魯夫不惜花費二千五百萬美元，收購了可口可樂汽水廠及可口可樂專利權，並創建了可口可樂公司。此前，可口可樂自19世紀80年代誕生以來，已經幾度易手，而且由於經營不善，銷量不斷下降，陷入嚴重的經濟危機。一九二三年，由於老伍德魯夫年事已高，他的兒子，35歲的羅伯特·伍德魯夫當上可口可樂的第二任董事長兼總經理。在小伍德魯夫的苦心經營下，公司轉危為安並迅速崛起。他先在國內市場嘗試新的推銷方法：採用自動販賣機銷售可口可樂。這樣一來，便大大擴大了可口可樂的銷售面，無論任何地點、任何時候，都能讓消費者買到可口可樂。這一推銷手段，很快贏得董事們的一致稱讚。但伍德魯夫並未因此沾沾自喜，因為他一心想開拓的外銷市場總是不太理想。

一九四一年，「珍珠港事件」促使美國參加了第二次世界大戰。戰爭使可口可樂的國內市場出現了不景氣，海外市場的開拓更是毫無進展。伍德魯夫內外交困，整天吃住不安，導致胃病復發。一天，他正準備上醫院看病，恰巧收到他的一位老同學班塞打來的電話。班塞時任麥克阿瑟軍團的上校參謀，剛由菲律賓回國。他在電話中告訴伍德魯夫，在炎熱的菲律賓，他最渴望喝到的飲料就是可口可樂。可惜，許多戰士都和他一樣，很難在戰場上喝到可口可樂。

班塞的一席話激起了伍德魯夫的靈感：如果前方將士都能喝到可口可樂，不就成了海外市場的活廣告嗎？當地的老百姓受他們影響，自然也會喝這種飲料。這就等於間接打開了外銷市場。次日，他風塵僕僕地趕到華盛頓，找五角大廈的官員洽商供應前方的可口可樂的問題。然而，已被珍珠港事件攪得暈頭轉向的國防部官員卻沒有一個人聽得進他的意見，一瓶可樂能提高多少士氣？這個念頭未免太可笑了。

回到公司，伍德魯夫決定展開一場宣傳攻勢，以促使國防部官員改變主意。為了一舉成功，他親自指導宣傳提綱的撰寫。他說：「一定要把可口可樂與前方將士的戰地生活緊緊地聯繫起來，呈現出飲料對戰鬥的影響，強調可口可樂對前線將士的重要不亞於槍彈。公司的成敗在此一舉，各位要用盡全力，使之一舉成功。」畫冊最終定名為『完成最艱苦的戰鬥任務與休息的重要性』，並用新版印刷，顯得圖文並茂，生動感人。當一個戰士在完成任務，精疲力竭，口乾舌燥時，若能喝上一瓶清涼的可口可樂，該是何等愜意啊……

他還舉行記者招待會，許多貴賓，包括國會議員、前方戰士家屬及國防部官員都應邀參加。會上，他巧舌如簧地鼓吹他的觀點：「可口可樂是軍需用品，這是大家都應該承認的事實。我們把可口可樂送到戰士手中，是對在海外浴血奮戰的子弟兵的誠摯關懷，是為戰爭的勝利貢獻一分力量！」

他的話獲得了熱烈的掌聲。當他走下講臺時，一位年邁的老婦人迎上去擁抱他，熱淚盈眶：「你的構想太偉大了！你對前方戰士的一片愛心，會得到上帝支持的。」

不用說，他這一天才的宣傳，使國會議員、軍人家屬和整個五角大廈為之傾倒。經過磋商，五角大廈的官員不僅把可口可樂列為前方戰士的必需品，還支持他在戰地設工廠生產。

五角大廈的「全力支持」，使可口可樂公司如虎添翼。短短兩三年，公司就向海外輸出了64家可口可樂工廠的生產設備。軍用可口可樂的總銷量竟達50億瓶。至此，可口可樂公司已成功地開闢了國際市場，並為戰後的新飛躍打下堅實的基礎。

隨著二戰結束，大批美軍陸續返回國內。伍德魯夫意識到，失去了這麼一大批可口可樂的「義務推銷員」，如果不盡快推出新招，他費盡心機在海外打下的根基就會連根拔掉。一天，懷著重重心事，他去醫院看病之後，順路又去拜訪了老同學班塞。

這時班塞已從前線回國，轉到國防部一個福利組織工作。伍德魯夫向班塞徵詢可口可樂怎樣在海外擴大銷售的意見。班塞依據他在東南亞的多年經歷，告訴這位老同學，受美軍影響，東南亞人喝可口可樂已經喝上癮。只要能保證供應，銷路不成問題。但國外的條件和美國國內不太一樣，在國外，有許多事是行不通的。只有通過當地人經營，才能解決許多不必要的麻煩。

伍德魯夫擔心公司無力負擔。他想的是如何以較小的投資，換取更大的利潤。

班塞建議：「你把可口可樂的製造權賣給當地人，讓他們自己出錢建廠經營好了。這種方式在東南亞一帶肯定行得通。」

具體方案是：一、在當地設立公司。從員工到負責人，一律聘用當地人。二、由當地人自己籌措資金，總公司原則上不出錢。三、除由總公司供應製作可口可樂的濃縮原料外，一切設備、材料、運輸工具和銷售等，都由當地人自行經辦。四、總公司統一負責銷售方針、生產技術、員工訓練。

在第二次世界大戰25年之後，可口可樂終於成為全世界銷量第一的「飲料之王」。可口可樂公司之所以能憑藉這種飲料的獨特口味，成為國際飲料業的「日不落王國」，重視廣告宣傳是其成功的重要因素，而伍德魯夫的天才也主要表現在這方面。伍德魯夫本人極其重視廣告的作用，經常親自動手製作。他向董事們強調：「畢竟我們的可樂中，99.7%是糖和水，不把廣告做好，可能就沒人喝了。」

8 給別人瞭解你的機會

成功的商人往往能超越常理，出奇制勝而賺大錢。別人炒股票很賺錢，你去炒，也許就會賠錢，因為當時股市疲軟，股價大跌。別人做成功的生意，你去接手，並不見得會成功，因為市場早已被人搶去，甚或已經沒有人做這方面的生意了。什麼時候賣什麼貨——小商販的這本生意經很值得學習。你要把眼光放得更廣闊點，學會洞察商情。做別人不做的生意，常能產生意想不到的效果。就像追求一個美女，在眾多殷追求者之中，如果你以一種奇新的形象出現，她就會多多少少地被你吸引。

經商做生意的人都想為自己多賺錢，因此，競爭是必然的。「物競天擇，適者生存。」生物界如此，商場也一樣。商場之上，瞬息萬變，經營者應該立足自身，不斷就市場需求和消費習慣的變化而調整產品結構和經營戰略，適應市場的需要，以新招、妙招應對突變，才能使自己立於不敗之地。

日本阿托搬家公司的創始人奪四千代原是一位個體運輸戶。石油危機發生後，運輸業從鼎盛時期衰落下來，她開始失業，中間只能斷斷續續地頂替別人一下。這時她已是兩個孩子的母親。為了生存，她不得不把孩子綁在駕駛室，堅持繼續開車。但她仍脫逃不了破產的命運。

有一天，奪四千代偶然在報紙上看到日本有些地區的家庭每年都要為搬家而支出大量費用。對此，她甚感興趣，決定嘗試一下。當時，做這項工作的人還不是很多。

實際上，正是這次選擇挽救了她，使她成就了以後的事業。她在這個偶然的選擇上不斷創新，變幻出新的服務項目。

為了把成千上萬的居民吸引過來，奪四千代首先想到了電話——誰想搬家，都得先從電話號碼簿上為自己的公司做宣傳。日本的電話簿是按行業進行分類的，同行業的企業按日語假名的先後序列排序。奪四千代巧妙地把自己的新公司命名為「阿托搬家中心」，這使得它在同行業中排到首位，查找時輕而易舉就能發現。接著，她又在電話局的空白號碼中選用了一個既醒目又好記的電話號碼——0123。

公司正式開張後，她打破了許多本行固有的常規，對搬家技術進行了一系列的革新創造。針對顧客珍惜家產，害怕財物暴露的心理，她設計了搬家專用車。把家用器具裝在這種貨車上，既安全可靠，又不為外人所見。為了適應日本城市住宅多是高屋公寓的特點，她又專門設計了搬家用的集裝箱和搬家專用吊車。她改變搬家的舊有模式，在搬家的同時，還向顧客提供與搬家有關的三百多項服務，如代辦消毒、滅蟲、清掃、改換電話、子女轉學及清掃廢物棄等，實行搬家及相關服務配套一條龍。

在與同行的激烈競爭中，奪四千代還打破了日本人以往「行李未到，家人先到」的搬家常規，決心將總是留給人許多無奈和煩惱的搬家變成一次終生難忘的旅行。為此，她特地向歐洲最大的轎車廠——前西德的巴爾國際公司，訂作一種命名為「21世紀之夢」的搬家專用車。這種車全長十幾米，寬2.5米，高3.8米，前半部分成上下兩層，下層是駕駛室，上層是一個可以容納6個人的豪華客廳，裏面有舒適的沙發，供嬰兒專用的搖籃，還裝有答錄機、電視機、立體組合音響、電冰箱、電子遊戲機等設施。這種新型搬家車在電視廣告中一經露面，預約搬家的客戶立刻蜂擁而至，公司的營業額激增。

奪四千代就是憑藉自己的頭腦，善於破舊創新，使自己的企業像滾雪球似地越滾越大。阿托搬家公司自一九七七年6月創辦以來，營業額年年增長，現在年營業額已達幾百億日元，發展成在全國近40個城市擁有分公司的大公司。美國和東南亞的一些國家都購買它的搬家技術專利。奪四千代現今已成為日本搬家行業的明星，被評為全日本最活躍的女企業家之一。

9 摸清對手的底細

唐高宗時，吐蕃（西藏）勢力日漸強大，引得西突厥歸附，以便共同吞併吐谷渾。唐朝干預吐蕃的吞併活動，從而導致雙方的和親關係破裂。

西突厥酋長阿史那都支表面臣服唐朝，暗地裏卻仍與吐蕃聯手，計劃侵擾西境。唐高宗欲發兵征討西突厥。吏部侍郎裴行儉上奏：「吐蕃強盛，西突厥又表示我朝修好，我們不便公開兩面用兵。現在波斯王去世，其子泥涅斯身為人質，還在京師，不如遣使把泥涅斯送回國去繼位。途經西突厥時趁機行事，或許可以不戰而逼降它。」

高宗聽了之後，覺得有道理，遂命裴行儉為使者，護送波斯王子回波斯繼位。阿史都那支也知道裴行儉一行的目的絕不簡單，派遣了不少探子，要他們不斷向他報告裴行儉的一舉一動。

公元六七九年盛夏，裴行儉到達西州，西州眾官吏都出城迎接。裴行儉召集西州的豪傑子弟千餘人跟隨，四處揚言說天氣實在太熱，不想急急遠行，等到天涼之後再啟程西行好了。

阿史那都支本來擔心裴行儉會發動突然的猛攻，如今聽說他要留在西州，自然萬分高興，一下子放鬆下來，到處尋歡作樂，消磨難熬的酷暑，絲毫不加防範。

這時，裴行儉召集西州四鎮的酋長，對他們說：「以前我在西州時最喜歡打獵，現在正好閑著沒事，想重遊舊日獵場，同時遊遍各地，不知誰願與我同行？」當地人本以遊獵為生，一聽此言，所有酋長子弟及下屬都欣然應聲同行。裴行儉又說：「你們既願同行，就應該聽我約束。」眾人自然齊聲應允。

於是，裴行儉精選其中的萬餘人馬，編成隊伍，以打獵為掩飾，暗中加以操練。待時機成熟，他便急令隊伍抄小路向西快速行進，不幾日便到了阿史那都支的部落附近。在離阿史那都支牙帳十餘里之處，他派遣使者去向阿史那都支問候。

阿史那都支見唐使突然來到營帳，異常驚慌。後來見使者安詳平和，也不指斥他與吐蕃暗地勾結之事，更沒有要討伐的意思，這才慢慢放下心來。本來阿史那都支已與部下商量清楚，從現在開始積蓄力量，單等秋涼時與唐軍決一雌雄。如今唐兵冷不妨來到眼前，負嵎頑抗無異於自取滅亡，而且從唐使的態度看，唐朝似乎還不至於馬上動手，乾脆與之周旋，故意裝出一副尊唐的樣子，只率子弟親信五百餘人前去拜訪裴行儉。

裴行儉表面上表示歡迎，暗地裏卻早已設下埋伏，一等阿史那都支等人進入營帳，號令立下，伏兵從四處湧出，五百餘人被悉數拘禁起來。

裴行儉兵不血刃，擒獲了西突厥酋長，大功告成。然後令波斯王子自己回波斯去，留人防護安西都護府，修築碎葉城，鞏固邊防。一切善後之事完畢，他自己押解俘虜東進，凱旋而歸。

慶功宴上，唐高宗對他說：「卿提孤軍，深入萬里，兵不血刃，擒夷叛黨，真可謂文武兼備了。」

同理，面對商場競爭，對任何事都要準備充足，而且不外露於形，只要於己有利，啥事都做得。兵法云：「兵不厭詐」。詭詐作為一種策略和手段，在市場經濟的條件下，何妨施展一些。如為保護自己示以假象，令對手失去防備，這種方法在商業談判中運用得很多。商業談判前，雙方的意圖一般是保密的。誰掌握了對手的「底牌」，就能操縱整個談判過程。「近而示之遠，遠而示之近」，自然成了商業談判的謀略。又如趨利避害、以長擊短，作為市場對抗策略，以及企業管理的普遍法則，可以善加運用。不過，要具有識別的本領。

詭詐不同於欺詐，欺詐的行為是違法的。合理地使用厚黑詭詐術，你一定可以受益無窮。

10 要知道對手最怕什麼

在競爭中，必須隨機應變，抓住對手的弱點，施以打擊，藉以收到像氣功點穴手法的奇妙效果。對手的有些弱點事先已經被你掌握，有些弱點則是在對招中暴露出來，你要隨時發現。兩雄爭辯，是雙方理與氣的較量，理是氣的內核，氣是理的鋒芒，理直就氣壯，理曲則氣餒。在一定條件下，氣盛也能使理壯三分。

出色的談判專家常常著意尋找對手的有關弱點，狠狠一擊，釜底抽薪，使對方的銳氣頃刻消釋，束手就範。所謂有關的弱點，是指對手論點上的錯誤、論據上的缺失、論證上的偏頗或其本身性格、行為、感情上的各種局限。

諸葛亮舌戰群儒的故事，很值得談判人員研習。

諸葛亮初到江東，以弱國使者之身，而且獨自一人，看上去勢單力孤。江東那些欺軟怕硬的謀士倚仗著人多勢眾，一個個盛氣凌人。諸葛亮決心先打掉他們的氣焰，所以出手凌厲，制人要害。

張昭是江東的首席謀士，也不過勉強與諸葛亮周旋了三個回合。他突出的弱點是主張降曹，而投降是既無能又無恥的表現。諸葛亮瞅準這一點，在歷數劉備一方怎樣仁義愛民，艱苦地抗擊曹操之後，話鋒一轉：「蓋國家大早，社稷安危，是有主謀。非比誇辯之徒，虛譽欺人，坐議立談，無人可及；臨機應變，百無一能。——誠為天下笑耳！」這樣就一下子點到了張昭的痛處，使他再也不能開口。

在唇槍舌劍中，對手總有說漏嘴的時候。這正是窮追猛打的好機會。這種辦法用於對付傲氣十足的對手較易奏效，因為傲者一丟臉便像鬥敗的公雞一樣，會垂頭喪氣，沮喪不已。因此，傲者比謙虛的人更容易打敗。

英國駐日公使巴克斯是個傲氣十足的人，他在同日本外務大臣寺島宗常、陸軍大臣西鄉南州打交道時，常常表現出不屑一顧的神態，還不時地嘲諷兩人。但是，每當他碰到棘手的事情時，總喜歡說：「等我和法國公使談了之後再回答吧！」

寺島和西鄉決定抓住這句話攻擊。

一天，西鄉故意問巴克斯：「很冒昧地問你一件事，英國是不是法國的屬國？」

巴克斯聽後，挺起胸膛，傲慢無禮地斥道：「荒唐！你既是日本陸軍大臣，應該知道英國是世界最強大的君主立憲國，怎可能是法國的屬國？沒常識！」

西鄉不理會他的無禮，只是冷靜地說：「我以前也認為英國是個強大的獨立國家，現在可不這麼看了。」

巴克斯憤怒地質問道：「為什麼？」

西鄉從容地說：「每當我們代表政府和你談論到國際上的問題時，你總要說，等你和法國公使討論後再回答。如果英國是個獨立國，為啥要看法國的臉色行事？這麼看來，英國不是法國的屬國又是什麼？」

傲氣十足的巴克斯被問得啞口無言。

從此，後他們互相討論問題時，巴克斯再也不敢傲氣十足了。

西鄉南州抓住巴克斯語言上的弱點展開攻勢，取得令人滿意的效果。

毫無疑問，任何人都不可能十全十美，難免有自己的弱點。傲氣者一旦被人抓住弱點，也就瓦解了其傲氣的資本。

抓住對手的弱點之後，有時不必說話或說很少的話，也能起到出其不意的效果。

某次，一位不速之客突然闖入洛克菲勒的辦公室，直奔他的寫字枱，以拳頭猛擊枱面，大發雷霆：「洛克菲勒，我恨你！我有絕對的理由恨你！」

然後，恣意辱罵他達幾分鐘之久。

辦公室裡所有的職員都感到無比氣憤，以為洛克菲勒一定會好好地整治這個闖入的暴客。

出乎眾人意料，洛克菲勒竟然停下手中的活，和善地注視著來人。這人越暴躁，他就表現得越和善。

那狂徒被弄得莫名其妙，漸漸平息下來。他咽了一口氣。他是準備好了來此與洛克菲勒決鬥的，並想好了洛克菲勒會怎樣回擊他，他再用想好的話去反駁。但是，洛克菲勒就是不開口，搞得他也不知如何是好了。

末了，他又在洛克菲勒的桌子上敲了幾下，仍然得不到回響，只得嗒然離去。洛克菲勒呢，就像根本沒發生任何事一樣，重新拿起筆，繼續他的工作。

不理睬他人對自己的無禮攻擊，便是給他最嚴厲的迎頭痛擊。成功者每戰必勝的原因，便是當對手急不可耐時，他們依然故我，表現得相當冷靜與沈著。

11 約是死的，人是活的

重信守承諾是世人所稱頌的處世信條，反悔行為則素為君子所不齒。然而，凡事過猶不及。我們的文化長久以來將我們教育成絕對與人為善的好人，使得我們在許多應該維護自己利益的時候，都不去據理力爭。卻不知，懂得反悔之道，是一個人通權達變，實現自我價值的必要開端。如果反悔對人對己都沒什麼壞處，對於合作成功玉成好事有促進之益，為何要執迷於愚忠之謬呢？

從兒提時代開始，我們當中的大多數人所受的教育都是：世界上最高的獎賞莫過於得到他人的贊同。為了討得父母親的歡心，我們俯首帖耳，言聽計從；為了贏得老師的歡心，我們勤奮好學，規規矩矩；我們跟小夥伴一塊兒玩自己的玩具，藉以使他們喜歡我們。當我們試圖依照自己的意願行事時，就會被指責為自私。為了獲得別人的贊許，在我們幼小的心靈中分不清什麼是好的思想，什麼是壞的思想。其實，那些教導我們辨別好壞的人，自己正是這種是非觀念模糊的受害者。

隨著我們漸漸長大，我們終於明瞭：老是聽從，尋求他人的贊同，並不是能夠出人頭地的有效途徑。儘管如此，我們當中的大多數人依然繼續這種無效的行為。有時候，我們嘗試著做一些自私的舉動，可是，由於受到早期環境的熏陶，我們往往發現它給我們帶來了苦惱。好人不應該表現得自私自利。儘管我們知道努力爭取成功，需要採取某種以我為中心的措施，但我們仍然繼續做好人，因為高尚的美德是對的。

你若不理直氣壯地堅持要求得到真正屬於自己的東西，別人不會幫助你。但是，你護持自己的權利，很多人又會企圖恫嚇你。他們希望壓得你低人一等，使你灰心喪氣。這樣你就不會阻礙他們前進的路途。

芭芭拉是一家電視臺的新聞主播。幹了五年多，她的新聞節目收視率相當高，被評為第一流。可是，五年來，她向事業的頂峰攀登並不總是一帆風順。

三年前，她與電視臺談判合同事宜，遇到了一些嚴重的阻力。電視臺經理向她暗示，續簽合同，她應該感到幸運。她聽出他的言下之意——你是一個女孩子，不應該咄咄逼人。」

她要求修改合同。那經理大發雷霆。她懷著強烈的自信，拒不讓步。其後每一天，新聞部主任都會把她叫到自己的辦公室，對她的工作橫加指責，結束時總是說：「簽下合同吧！」

四個月過去了，她毫不動搖。

最後，電視臺經理答應了芭芭拉提出的每一項要求。

在簽訂合同之前，她徵求一位律師的意見。這位律師建議她在措辭上做幾處小小的改動。她回到電視臺，告訴他們此事。他們大吃一驚，又一次暴跳如雷。她的那些上司指責她自私、不道德。芭芭拉又是堅不讓步。最後，根據雙方都能接受的意見，對合同的措辭進行了修改。

後來，芭芭拉與同一家電視臺又簽了一項為期三年的合同。這一回容易多了。正如她所說：「如今，他們知道我是什麼樣的一個人——我說到做到。跟我一起工作的很多人對我說，我應該要求比我真正想要的更多。可是，我不以為然。我要求他們給我提供必要的條件，其它錦上添花的條件我不會奢求。」

這個故事的意義不在於芭芭拉的談判手法，應該注意和分析的是使她如此堅強的精神。她被迫每日頂住電視臺領導以威脅和侮辱的方式進行的恫嚇。與此同時，她仍須以妙趣橫生的職業風度，生氣勃勃地面對攝影機鏡頭，每夜播送新聞。她從不讓談判中滋生的那種情緒影響自己的工作。她具有一種強照的自我價值觀，會為了獲得應該獲得的東西竭力戰鬥；她意志堅強，總是堅持信念。

柯南道爾在第一次把他的著作改變權賣給歐洲「戲劇界的拿破崙」弗羅曼時，做了一點小限制：戲裏的福爾摩斯不許有戀愛之事。弗羅曼滿口答應了這個條件。但是，後來演出的劇目裏，為了迎合一些觀眾的心理，弗羅曼還是加了些可以算戀愛也可以不算戀愛的浪漫故事。由於演出效果不錯，一年後，弗羅曼在英國會見柯南道爾時，柯南道爾非但沒有責怪他，還表示不反對戲裏的福爾摩斯可以浪漫點。

弗羅曼以後談到此事，總是說，當初他對柯南道爾讓了一步，才取得後來演出的成功。要是他當時固執己見，事情可能就弄僵了。

12 埋下一個日後反悔的伏筆

反悔時需要藉口。在許諾時就有意地留下反悔時可以使用的伏筆，會使藉口更為圓滿。不妨做出一些痛快的許諾。只是，在做出許諾的同時，必須告訴對方可能出現的各種麻煩和不能實現的可能性。亦即不要把話說得太絕對，讓對方事先有心理準備，一旦許諾未能實現，才不至於對你徹底失去信任。

俗話說：「逢人只說三分話。」還有七分話不必說出。你也許以為，大丈夫光明磊落，坦誠相見，事無不可對人言，怎可只說三分話？但是，人與人之間要達到以誠相見，勢必經歷一個過程。在這個過程的每個階段，必須運用各種行之有效的交際方法，方能保證這個過程的順利完成。

可以用一種「模糊表態」的方法，去應付一些複雜的請求。

所謂「模糊表態」，即採取恰當的方式，以巧妙的語言對別人的請求做出間接、含蓄、靈活的表態。其特點就是不直截了當，避免與對方短兵相接。它是一種常用的社交方式。

「模糊表態」的功效有兩種：

一、給自己留下迴旋的餘地。有些問題一時尚不明朗，必須進一步瞭解，或看看事態的發展及周圍形勢的變化，方可拿出主張。「模糊表態」就能給自己留下一個仔細考慮、慎重決策的餘地。否則，最終可能影響自己的威信和聲譽，對事業及人際關係造成不必要的損失。

二、給對手一點希望之光，以利於穩定他的情緒。要求你解決或答覆問題的人，內心總是寄予厚望，希望事情能如願以償，圓滿解決。如果遭到斷然拒絕，由於缺乏必要的心理準備，很可能因過分失望或悲傷，心理上難以平衡，情緒難以穩定，產生偏激言行，阻礙了人際交往。相反，倘若話未完全說死，則使他感到事情並非毫無希望，也許經過更多的努力或過一段時間機會降臨，事情會往好的方向轉化呢！

那麼，遇到什麼樣的問題，在什麼樣的情況下，宜用「模糊表態」方式？又如何掌握「模糊」的分寸？

事態不明朗時，就適宜用「模糊表態」。任何事情的發展都有個過程。當事情處於發展變化初期，實質性的問題尚未表露，就難以斷定其好壞、美醜、利弊、勝負。這時，必須等待、觀察、瞭解、研究，切不可貿然行事。倘若迫於情勢，你不能不有所表態，最好還是「模糊表態」。例如，你可以說：「這件事比較棘手，我必須考慮一下。」給自己以後的態度留下迴旋的餘地。

有些經驗豐富的人遇到這類問題，用幾句幽默話，如引用一則寓言或笑話，而不直接回答，留給對方去思考、尋味。這可說是「模糊表態」中的高招。

對把握不大的事可採取彈性許願，把話說得活一點，使之有伸縮的餘地。像是使用「盡力而為」、「盡最大努力」、「盡可能」等字眼。

對不是自己能獨力解決的問題，應採取隱含前提條件的承諾。這即是說，如果你所做的承諾，不能自己單獨完成，還要謀求別人的幫助，那麼你在承諾中可帶有一定的限制以及他人的因素。

有很多時候，出於各種原因，比如礙於面子，或是對方來頭很大等，我們不能過於直接地拒絕他人的要求。除了出語婉轉，使拒絕容易接受外，還不妨先答應下來，日後再反悔。

例如，有人為工作調動或幫親戚找份工作等等諸如此類的事找你幫忙，而你又無能為力，該怎麼辦？假如你馬上一口拒絕，那麼，極可能使你們的關係因此鬧僵，以後你有什麼事找他，儘管他有能力幫你，但他記起前「仇」，就可能對你冷眼相待。因此，最好是使對方感覺到你已盡力為他服務。

拿破崙說：「我從不輕易承諾，因為承諾會變成不可自拔的錯誤。」

可是，當我們面對朋友的要求，被迫非得答應不可，而實際上明知他的事不該答應，這時該怎麼辦？

人際的關係學家告訴我們：「我們必須在聆聽來人的陳述和請求完畢之後，輕輕地搖搖頭，但態度不可強烈。」輕輕搖頭，表示否定。對方一看見你搖頭，就知道你已拒絕。跟著你可以從容說出拒絕的理由，使他易於接受。

自然，拒絕的理由必須充分。一個充分的理由，可使對方諒解你不能幫忙的苦衷，不至於對你記恨在心。

有許多事，看起來應該做，但一做起來就有麻煩。比如你有一位好友做了人壽保險經紀，他來向你說了一大堆買人壽保險的好處，然後請你買一千萬元的保險。你也知道此事真有益處。但是，後來你細心一想，如果照他的要求，你每月要付出的保險費等於你收入的三分之一，而目前你的收入也不過是僅可敷衍日常生活所需。既明白這事很難辦到，你就不妨輕輕地搖搖頭，然後說出上述的理由。

ch.4

善良的馬最容易被人騎

1 酒要半醉，花要半開

每個人都喜歡將自己內心深處的陰暗個性（自私，狡詐）藏得嚴嚴實實，而把自己的善良、公正形之於外。為此，人們常說：「人心難測」。厚黑原理認為，藏奸露善可以在很大程度上起到痲痺對手的目的。因為鋒芒太露，易遭嫉恨，更容易樹敵。做人切忌恃才自傲，不知饒人。只要你懂得裝傻，你就並非傻瓜，而是大智若愚。正因如此，「難得糊塗」才會歷來被推崇為高明的厚黑之道。

人際交往，可以裝傻遮羞，自找台階；可以故作不知，以幽默反唇相譏；可以假癡不癲，迷惑對手。你必須身懷好演技，才能傻得可愛，「瘋」得恰到好處。誰不識傻中真相，誰就會被愚弄；誰不領會大智惹愚之神韻，誰就是真正的傻瓜。

一個人，尤其是有才華的人，必須做到不露鋒芒，既有效地保護自己，又充分發揮自己的才華，要戰勝驕傲自大的病態心理，凡事不可太張狂、太咄咄逼人，反而為自己的才華打折扣，有時還會樹敵呢。

「花要半開，酒要半醉。」做人就要懂得含蓄之美，鮮花盛開，嬌豔欲滴，不是立即被人採去，也是衰敗的開始。

人生也是這樣。志得意滿時，切不可趾高氣揚，目空一切，免得被人當成靶子！無論你有怎樣出眾的才智，一定要謹記：不要把自己看得太了不起、太重要，以為自己是撐起一片天的不二人選，還是收斂你的鋒芒，掩飾你的才華吧！

你不露鋒芒，可能永遠得不到重任；你鋒芒太露，卻又易招人陷害，即使暫時取得成功，卻已為自己掘好了墳墓，埋下危機的種子。所以，才華顯露，要適可而止。與上司交往，「故意裝傻」，不炫耀自己的聰明才智，不反駁他所說的話，是個好策略。但是，要做到這一點並不容易，必須擁有很好的演技才行。傻要傻得恰到好處，以免弄巧成拙。

2 「大愚」之中藏有大智

許多時候，想要受到別人的敬重，就必須掩藏你的聰明。下面介紹幾例裝傻術的妙用，望大家能舉一反三。

一、荒誕中明事理。

有時候，面對一個錯誤的推理或結論，從正面反駁可能無濟於事。這時，用另一個類似且明顯是錯誤的推理，藉以達到批駁的目的，效果反倒更好。這種錯誤的推理具有很強的荒誕性，含不盡之意於言外，會使人在含笑中明確是非。推理越具有荒誕性，說出的話越具有幽默感。

宋高宗時，有一次，宮廷廚師煮的餛飩沒有熟。高宗大怒，把那個廚師下了大獄。沒過多久，在一次戲劇演出中，兩個演員扮作讀書人的模樣，互相詢問對方的生日時辰。一個說「甲子生」，另一個說「丙子生」。這時出現第三個演員，跑到高宗面前控告：「這兩個人都應該下大獄。」高宗覺得蹊蹺，問是什麼原因。這個演員說：「甲子、餅子都是生的，不是與那個餛飩沒煮熟的人同罪嗎？」高宗一聽，大笑起來，知道了他的用意，就赦免了那個「餛飩生」的廚師。

演員藉由皇帝「餛飩生就下大獄」這個前提，演繹出一個錯誤的結論：是「生」就該下大獄，因而甲子生、丙子生也該下大獄。這顯然是荒誕不經的，足以引人發笑。演員的推理語言婉轉，表達含蓄，蘊涵了豐富的機趣。這種幽默語言的產生，不能不歸功於巧奪天工的荒誕推理。

二、睜一眼，閉一眼。

在交際活動中，單憑言語若難以說服對手，採用交際情境表意，有時給對方多一些思考、體驗，常可產生言語不能達到的效應。

法國有一位農學家，在德國吃過馬鈴薯，很想在法國推廣種植這種作物。但他越是熱心宣傳，國人越不相信。醫生認為馬鈴薯有礙健康，有的農學家斷言種植馬鈴薯會使土地變得貧瘠，宗教界稱馬鈴薯為「鬼蘋果」。經過一段時間的思考，這位農學家終於想出一個新點子。在國王許可下，他在一塊出了名的低產田裏栽培了馬鈴薯，由一支身穿儀仗隊服裝的國王衛兵看守，並聲稱不許任何人接近或挖掘。但這些士兵只在白天看守，晚上全部撤走。人們受到禁果的引誘，晚上都來挖馬鈴薯，把它栽到自己的菜園裏。這樣。沒過多久，馬鈴薯便在法國推廣開了。

這個推廣馬鈴薯種植的主意獲得成功，就得益於情境的巧用。直言馬鈴薯好，人們不信。由皇家種植，國王衛兵看守，暗示的情境意義即：是貴重物品。由此誘發了人們佔有的欲望；加之栽種後親自品嘗與體驗，確信有益無害，就會完全接受這種作物。在此，交際情境的魅力，就在於利用了人們的好奇心理，睜一眼，閉一眼，創造了一個使人接觸馬鈴薯的契機，所以產生了可喜的效應。

三、答非所問妙解困。

答非所問，意指答話者故意偏離邏輯規則，不直接回答對手的提問，只在形式上回應，通過有意的錯位造就幽默。答非所問並不是思維混亂，而是用假錯的形式，幽默地表達意圖。

在一次聯合國會議休息時，一位發達國家的外交官問一位非洲國家的大使：「貴國的死亡率一定不低吧？」非洲大使答道：「跟貴國一樣，每人死一次。」

外交官問話是對整個國家而言，對非洲的落後心存挑釁。那位非洲大使並不理會其問話的要害點，故意將死亡率針對每個人，回答得頗具匠心，營造了別具意味的幽默效果。這幽默有效地回敬了那位外交官的傲慢，維護了本國的尊嚴。

答非所問講究機巧，抓住表面上某種形式上的關聯，不留痕跡地閃避實質層面，有意識地中斷對話邏輯的連續性，尋求異軍突起的表達。幽默旨在另起新灶，跳出被動局面的困擾。

有個愛纏人的先生盯著小仲馬問：「您最近在做些什麼？」

小仲馬平靜地答道：「難道您沒看見？我正在蓄絡腮鬍子。」

鬍子是自然而然長的，小仲馬故意把它當作極重要的事，顯然與問話者的目的不相符。表面上他好像是在回答那位先生，其實並沒有給他什麼有用的信息。他自然懂得對方問話之意，但他偏要答非所問，用幽默暗示那人：不要再繼續糾纏。

四、明知故犯生幽默。

有一則相聲叫《歪批三國》，其中有這麼一段：甲問乙：「劉備賣過草鞋，張飛賣過肉，你知道趙雲賣過什麼？」乙說：「不知道。」甲說：「你沒聽過《天水關》裏姜維在校場上唱的那兩句嗎？『這一般五虎將俱都喪了，只剩下趙子龍老邁年高。』這趙雲不是賣年糕的嗎？」

聽眾聽到這裏，無不捧腹大笑。把「老邁年高」理解為「老賣年糕」，相聲的作者利用諧音製造歧義，造成了笑料，取得了幽默生動的效果。

3 裝作不知道，說話可解圍

世間事有一種是做得說不得，還有一種是說得做不得。例如，夫婦居室之事，儘管做，如拿在大庭廣眾中說，就成為笑話，這是做得說不得。又如兩個朋友，以狎褻語相戲謔，涉及人家的姊妹，聞者以無傷大雅之笑話聽，但如果認真去實現，事可就不可收拾了，這是說得做不得。

俗話說：雙拳難敵四手。世間之假道學、真道學何其多，行厚黑的人只要默默地做就行了，千萬不可招搖炫耀，以免招來這些人的圍攻。

當你靠厚黑之道達成了目的，只要安心享受成功的果實即可，至於你的法寶，絕不可曝光，就像錢財不可露白一樣。

你必須瞭解：樹大招風。即使真假道學之輩不聯手圍攻，卻另有其他厚黑之徒會算計你，那才是真正的威脅，你不可不防。裝作不知道，就是指對別人的話裝作沒聽到或沒聽清楚，以便實施避實就虛，猛然出擊的說辯方式。它的特點是：說辯的鋒芒主要不在傳遞何種資訊，而是通過打擊，轉移對方的說辯興致，使之無法繼續設置窘迫之局，而化干戈為玉帛，並能夠寓辯於無形，不戰而屈人之兵。

在人際交往中，這種方式的使用場合很多。

一、制止別人的挖苦、諷刺。

挖苦、諷刺，都是用尖酸刻薄的語言，揶揄對手的行為，極易激怒對方。為避免大動肝火，兩敗俱傷，即可巧妙地運用裝作沒聽明白的方式見機而行。

丈夫不停地抽菸，煙缸裏已經積了一大堆菸蒂，大部分還在冒煙。妻子驚呼：「天啦！難道你找不到更好的自殺方式？」

妻子出於對丈夫的深切關懷，非常惱恨丈夫抽菸，把抽菸比作「自殺」，用語異常辛辣。那丈夫雖然自知不對，對這樣的挖苦卻是忍無可忍。

二、補救說話中的錯漏、失誤。

進行即興演講，有時會出現這樣的情況：演講者自己也不知為什麼，竟說出一句錯誤，而且馬上意識到了。怎麼辦？遇上這種失誤，演講者不妨裝作不知道，然後採用調整語意、改換語氣等續接方式予以補救。

一位公司經理在開業慶典上發表即興演講。他這樣強調紀律的重要性：「公司是統一的整體，有嚴格的規章制度，這是鐵的紀律，每個員工都必須自覺地遵守。上班遲到、早退、閒聊、亂逛，辦事推諉、拖沓、消極、懈怠，都是違反紀律的行為。我們允許這些現象的存在……就等於允許有人拆公司的台。我們能夠這樣做嗎？」

這位經理的反應力和應變力都很強。當他意識到自己把本來想說的「我們決不允許這些現象的存在」一句話中的「決不」二字漏掉時，佯作不知，馬上循著語言表達的邏輯思路，續補了一句揭示其後果的話，同時用一個反問句結束，增強了演講的啟發性和警示力。這樣的續接補救，真可謂順理成章，天衣無縫。

三、可用於對付別人的詭辯。

「事實勝於雄辯。」掌握充分的事實依據是戰勝對手的有力法寶。令人遺憾的是，在許多情況下，面對巧舌如簧的人，總是讓人難堪至極——明知對方說的是謬論，卻又無法還擊。

兩位農民去給玉米施肥時，因豬糞離莊稼遠近而爭執起來。

甲說：「豬糞離莊稼近，便於莊稼吸收，莊稼才長得好。」

乙說：「依你所說，把莊稼種到豬圈裏，一定更長得好。」

甲說：「你這是不講理。」

乙說：「怎麼不講理？是你說離豬糞近，莊稼長得好呀！」

這時，一位中年農民湊過來說：「我看你們倆誰都說得不對。豬尾巴離糞最近，沒見過豬尾巴長得有多長……」

一句話，使在場的人哈哈大笑。

四、可用於挽回「失語」所造成的尷尬局面。

「馬有失蹄，人有失言。」失語在語言交際中難免發生，但它往往是許多矛盾發生和激化的根源。因此，挽回失語，在語言交際中很有必要。

例如：實習期間，一位實習老師在黑板上剛寫了幾個字，學生中突然有人叫起來：「老師的字比我們李主任的字好看！」

真是語驚四座。稚嫩的學生哪能想到：此時站在教室後方的李主任是怎樣尷尬！對這位實習老師來說，初上崗位，就碰到這般讓人難堪的場面，的確叫他頭疼。以後怎樣同這位班主任共渡實習關卡呢？轉過身謙虛幾句，行嗎？不行！這位實習老師靈機一動，裝作沒聽到，繼續寫了幾個字，頭也不回地說：「不安安靜靜地看課文，是誰在下邊大聲喧嘩！」

此語一出，使後方的李主任緊張尷尬的神情頓時輕鬆許多，尷尬的局面也隨之化解。這是巧妙運用裝作不知道，避實就虛，即避開「稱讚」這一實體，裝作沒聽清楚，而攻擊「喧鬧」這一虛象。這一來，既巧妙地告訴那位班主任，「我」根本沒有聽到，又打擊了那位學生的稱讚興致，避免了他誤認為老師沒聽見，再稱讚幾句，從而加重尷尬的局面。

4 虛擬示意，讓對方真假難辨

虛擬示意法，就是將本來沒有的情況當作客觀事實推出，並竭力讓對手相信的一種辯論技法。這種方法的實施，包括虛擬和示意兩個步驟，兩者緊密聯繫。但比較起來，虛擬更容易些——主導者就是自己，虛到什麼程度，擬出何種樣式，全憑自己；示意則較困難，必須使對手相信自己的虛擬，如對手不相信，虛擬即徒勞。可見，虛擬是前提，示意是關鍵。要成功地運用虛擬示意法，就需要巧妙地把握這兩個步驟。

一、要虛得合情合理，讓對方真假難辨。

惺惺作態，裝模作樣，但要做得合情合理。也就是說，不能與現實生活的差距過大，要虛得大致符合當時、當地、當事人的實際狀況。因為人對是非的判斷，靠的是知覺，知覺的正確與否，有賴於過去實踐的知識和經驗。當你的虛擬同對手過去實踐的知識和經驗相吻合或一致時，他的知覺就會產生一種認同感。

對手對你的作態必然會有某種程度的戒備與警惕，對你所說的，本能地會產生懷疑。這就更需要在虛擬時，從合理性上多下些功夫。有時，不妨來一點真真假假，造成一種虛虛實實、實實虛虛的混沌局面。這樣一來，他就很可能相信你虛擬的全部內容，落入圈套。說虛話技藝圓熟者經常使用「有幾分真」的謊言更會使人信以為真。

二、示意要疏而不漏，態度誠懇，表達巧妙。

示意的主要表現形式是言語，但應當輔以動作、情感、神態、語調等。對手對你的虛擬的接受程度，取決於他對你的示意的感知與理解的深淺。自己的示意越明晰、確切、有誘惑力，對手的感知與理解力就越強，從而導致其產生錯覺的概率也越高。

因此，可以說，示意，是在操縱對手的知覺。虛擬一旦實施，擺在自己面前的，既要千方百計調動對手的情感，使他對自己建立起足夠的信任，又要竭盡全力維護自己的虛擬，使對手沒有任何懷疑的餘地。要讓對手明白：如果不相信你所說的，便會給他自己帶來麻煩。只有相信你所說的，他才能獲得利益。這是將一個充分必要條件的假言推理樹在對手眼前，迫使他只能做出「相信你所說的」這惟一的選擇。

為了更有效，示意還可以利用人們對共同點具有的認同心理，站到對手的角度，設身處地地為他的利益說話，使他感到你是為他好，雙方的利益是一致的。另外，適當地使用一些緩解其警惕性的言語。如諸葛亮所說的「事須三思，免致後悔」，現代社會所說的諸如「考慮到我們雙方的利益」、「這是人人皆知的」、「聰明的人都會這樣做」之類。如此，對手的防線最終必會崩潰，自覺不自覺地相信你的虛擬。

5 虛而顯實，弱而示強

「虛張聲勢」是指故意裝出強大的聲勢以嚇唬人的一種策略。《百戰奇略》云：「凡與敵戰，若我勢虛，為偽示以實形，使敵莫能測其虛實所在，必不敢輕與我戰，則我可以全師保軍。」所以，虛張聲勢也是在面臨危機時的一種厚黑應變術。

劉邦為奪關中，領兵抵達嶢關。嶢關為交通要隘，易守難攻，為咸陽的東南大門，兵家必爭之地。因此，秦軍派出十分精銳的兵力把守。而劉邦當時手下只有二萬人馬，如不順利拿下此關，項羽就有搶先奪去關中的可能。他心急如焚，想強行攻取。張良經過調查，認為秦兵勢強，如果妄動，不僅會消耗自己的實力，還會拖延入關時間。於是，他向劉邦提出智取之策：一方面虛張聲勢，在嶢關四周山上多張旗號，以迷惑守軍，擾亂敵心；另一方面，針對守關秦將喜好小利的特點，派酈食其攜重金賄賂。果然，嶢關守將見劉邦軍聲勢浩大，甚是惶懼；同時又貪戀錢財，終於倒戈。劉邦引兵過關，向西挺進，兵叩咸陽。

唐太宗李世民少年時也曾用虛張聲勢之計，嚇退敵軍。隋煬帝率軍與突厥作戰失利，被困於雁門關外。煬帝命人將詔書繫在木塊上，投入汾水，向下游郡縣告急，命他們募兵援救。當時年方少年的李世民應募從軍，在將軍雲定興帳前供職。李世民瞭解到前方的敵情之後，對雲定興說：「敵人膽敢圍困天子，是因為他們料定我方主力無法及時增援。因此，我們若將軍兵分散，拉開數十里的行列，白天讓敵人看得見旌旗，夜晚讓敵人聽得見鼓聲，敵軍不知虛實，一定會以為大批援兵迫近，從而『不戰自退』。雲定興聽從了他的建議。突厥的偵察哨遠遠看見隋朝大軍浩浩蕩蕩，連綿不絕，立刻飛報可汗。突厥可汗果然中計，連忙撤去了包圍煬帝的軍兵。

李世民初入軍旅，便獻此虛張聲勢之計，兵不血刃，嚇退敵軍，解除了隋煬帝的危急，由此，他獲得了很高的聲譽。

虛張聲勢之要在於虛而顯實，弱而示強。「凡戰，若敵眾我寡，敵強我弱，須多設旌旗，倍增火灶，示強於敵，使彼莫能測我眾寡、強弱之勢，則敵必不輕與我戰，我可速去，則全軍遠害。」此計用於商場應變，也同樣頗具功效。

知彼知己，百戰百勝。但是，如果雙方都做到知彼知己，那就不能百戰百勝了。所以，你必須在知己的同時，使敵不知己，在知彼的同時，使彼不能知你。知不知彼，權不在你，但彼不能知你，這種權力在你自己。你的真相完全顯露，對方向你的弱點進攻，你必敗無疑。只有把弱點偽裝成優點，使對方以為自己認識錯誤，從而中止進攻，你才能轉危為安。這種蒙蔽之法乃「虛者實之」的應用，需要天衣無縫的掩飾技巧，更應該有刀架脖子不低頭的膽量，方可達到目的。

有一次，風傳某銀行銀根不穩的消息。存款人都去擠兌，銀行被擠得水泄不通，形勢異常嚴重。銀行老闆態度鎮靜，絕不慌張，立將庫存現銀一齊搬出來，堆在營業大廳，又一面放長兌現時間，一面向同業拆借，把營業大廳堆滿現銀，高與天花板相接，外面還在一箱又一箱地抬進庫內。擠兌的人眼見現銀如此之多，知道銀行實力充足，可見不穩之情不確。結果只有少數人仍要兌現，大多數人仍把存款簿帶回，一場擠兌風潮就此煙消雲散。銀行的信用經過此次風潮，反而越趨堅強。

「虛而實之」的煙幕術還可以變化為「避實擊虛」的主動進攻中使用的蒙蔽。繞開敵人的強大之處，也就意味著掩蓋了自己的弱處，讓敵人疲於防守而難以進攻。

「兵者，詭道也。」孫子主張兵不厭詐。戰爭之前一定要隱蔽自己的實力，促使敵人估計錯誤，然後「攻其無備，出其不意。」他點出心理作戰的要訣：要避開敵人的銳氣而攻其暮氣，擾亂敵人的軍心，使其疲於奔命，然後以逸待勞，乘虛而入。

孫子舉出十二項戰術上可運用的詭道，大體上組成三大類。

【第一類】是偽裝己方的實力，以欺瞞敵方。
能而示之不能：己方實力甚強，隱藏之以鬆懈敵人的警戒。
用而示之不用：雖已出兵，裝成按兵未動。
近而示之遠、遠而示之近：故意使敵方認錯己方之距離，以攻其不備。
【第二類】是誤導，使敵人混亂。
利而誘之：使敵人誤以為有利，引誘其入甕。
亂而取之：混亂敵陣，乘隙突襲。
【第三類】是對付實力甚強的敵人。
實而備之：對實力強的敵人，要充分戒備。
強而避之：避開敵人強勁的部隊。
怒而擾之：激怒敵人，使對方亂了正常步調。
卑而驕之：故示低姿勢，以養敵人驕氣。
逸而勞之：敵人安逸時，騷擾之，使其疲於奔命。
親而離之：設法離間分化敵人內部。
——前面所提的蒙蔽之法，並未超出孫子十二詭道的範圍。足見無論在戰場、官場還是交際場，一切的競爭之道、操縱之理，都貫通著相同的人情與心理準則。

6 投其所好，讓人「花錢買痛快」

在商業交際中，必須摸透消費者的心理，投其所好，以達到促銷的目的。同樣是掏錢消費，誰不想花錢花個痛快。下面介紹五種厚黑之法與你分享：

一、針對顧客害怕受騙的緊張心理，及時送上「定心丸」。

有些購物經驗較少或曾受過騙的人，購物時常常會產生一種害怕受騙的緊張心理，表現得處處謹慎，猶豫不決。

從前有個歐巴桑想買點老鼠藥，治治家裏的耗子。她來到一個賣老鼠藥的小攤前，左看看，右瞧瞧，再三盤問攤主是不是真藥，並說以前買過幾次，全是假的，一隻耗子也沒藥倒。攤主笑著說：「歐巴桑，咱這藥假不了。您要是不信，就先拿兩包去試試，若真藥不倒耗子，再拿包裝袋回來，我倒賠您兩倍的錢。」歐巴桑心想，反正假的可以退錢，何不多買幾包，給鄰居們也試試？於是一下買了五包。

這位攤主就是針對歐巴桑怕再受騙的心理，用誠懇的許諾，給她吃了一顆「定心丸」，從而消除了她的顧慮，促進了自己商品的銷售。

二、針對消費者的試探心理，來一個「將計就計」。

有的消費者既不識貨，又不是內行，想買某種商品，卻不敢隨便掏腰包，只是試探地問這問那或東摸摸西看看，目的在於探知商品的真假和價錢是否合理。銷售者對此類顧客絕不能責備或表現出不耐煩的情緒。居然他要試探你，你何不將計就計，也試探一下他。

有家皮件店掛滿了各式標價的皮夾克。一位男士走進店來，這件摸摸，那件捏捏，最後看中了一件，但仍把握不準，竟對店主說：「這不是真貨。」店主微微一笑，不動聲色，從裏屋拿出另一件給他看。那男士看看摸摸，問什麼價。店主說：「你開個價吧！」男士支吾不答。此時，店主看破對方是個外行，就說：「這件才是假貨呢！」說著掰開皮子，跟他講述識別真假的方法。這位男士頗為感動，很快掏出鈔票，買了原來那件，滿意地走了。

如果店主不將計就計，看不穿其中的「西洋鏡」，就不能說服這位男士，促進商品的銷售。

三、利用人的從眾心理，促使消費者盡快下決心。

購物時，有的人對某商品拿不定主意，或者本不想購買，卻因看到旁邊買的人多，於是就莫名奇妙地也跟著掏出腰包。消費者的這種心理叫從眾心理。銷售者利用這一心理，可以促進商品的銷售。

某商店進了一批新牌子的高壓鍋，人們對其質量、性能一時尚不瞭解，以致無人問津，從而造成了積壓，影響商店的資金周轉。商店的一位副經理想出新招：他派人迅速調查本市曾購此鍋而又已知姓名並且使用滿意的用戶，將他們使用後的稱讚之語寫在一幅廣告上，並將廣告立於門口。過往行人見而停步，不免要看看。許多人家裏正需要，一見廣告寫了那麼多有名有姓的用戶的肯定，自然也就確信此鍋的質量了，於是欣然購買。不久，這批高壓鍋就順利銷售出去了。這個牌子的高壓鍋很快在市場打開了銷路。

四、利用人追求時髦的心理，就勢「順水推舟」。

時下追求時髦已成為人們茶餘飯後經常討論的話題。聰明的服飾推銷者往往抓住人們的這一心理，打開銷售局面。

有一家服裝店，店主是個中老年人。前兩年經營一直不佳，原因就是銷售的服裝從款式到花色都不新穎。這年春天，店務由原店主的兒子接管。

年輕人見識廣，腦子活，在對人們日常生活的觀察中，注意到人們追求新潮與時髦的心理。尤其是少男少女們，只要是時髦的服裝，多花點錢，也在所不惜。他迅速進了一批款式、花色都格外新穎別致、高雄美觀的最新潮服裝。這一招真靈！許多顧客，尤其是年輕顧客紛紛登門。他因此打開了局面，許多新潮服裝的生產廠家也主動找上門來，請他推銷產品。

五、利用消費者的補償心理，來個「雪中送炭」。

消費者往往在發現自己所購商品質量不好或價錢過貴，自感後悔時，產生一種要求補償的心理。

有一位婦女在某商店買了一床草席，花了九百元。後來走進市場，發現一個小販挑來的草席尺寸相同，質量也不錯。這位婦女便自語道：「唉，買錯了！」此話被那小販聽到，即問其故，婦女照實說了。小販笑笑，爽快地說：「你再要，七百元一床賣給你。反正自家做的！」婦女頗感興趣。看來挺合算——不是便宜了二百元嗎？那裏損失這裏補，再買一床，反正家裏也需要，於是，這項生意成交。

在此，那位精明的小販就是及時覺察並利用了這位婦女後悔之後要求補償的心理，巧妙地推銷了自己的商品。

7 拿得起，放得下

古人云：「大凡臨事無大小，皆貴乎智。智者何？隨機應變，足以消患濟事者是也。」從一定意義上說，智者便是能隨機應變，見風使舵的厚黑之人。

大太監李蓮英為人機靈、嘴巧，善於取悅慈禧太后，這種機靈常常為慈禧和下屬解脫困境。慈禧愛看京戲，常以小恩小惠賞賜藝人。一次，她看完著名演員楊小樓的戲後，把他召到跟前，指著滿桌子糕點說：「這一些賜給你，帶回去吧！」

楊小樓叩頭謝恩。但他不想要糕點，便壯著膽子說：「叩謝老佛爺！這些尊貴之物，奴才不敢領，請……另外恩賜點……」

「要什麼？」慈禧心情高興，並未發怒。

楊小樓又叩頭說：「老佛爺洪福齊天，不知可否賜個『字』給奴才。」

慈禧聽了，便讓太監捧來筆墨紙硯。然後舉筆一揮，寫了一個「福」字。

站在一旁的小王爺看了慈禧寫的字，悄悄說：「福字是『示』字旁，不是『衣』字旁呀！」

楊小樓一看，這字寫錯了，拿回去必遭人議論，豈非犯下欺君之罪；不拿回去也不好，慈禧一怒，就會要他的命。要也不是，不要也不是，他一時急得直冒冷汗。

氣氛一下子緊張起來。慈禧也覺得挺不好意思，既不想讓楊小樓拿回錯字，又不好意思再要過來。

旁邊的李蓮英腦子一動，笑呵呵地說：「老佛爺之福，比世上任何人都要多出一『點』呀！」楊小樓一聽，腦筋轉過彎來，連忙叩首道：「老佛爺福多，這萬人之上之福，奴才怎麼敢領呢！」慈禧正為下不了臺而發愁，聽這麼一說，急忙順水推舟，笑著說：「好好，改天再賜你吧！」就這樣，李蓮英為兩人解脫了窘境。

李蓮英的應變巧在借題發揮，將錯就錯。對於錯誤生硬地扳正或否認，都是不圓熟的做法，借力使力，把錯誤說「圓」，方見應變之智。

在人際交往中，面對嫉妒、攻擊、誣陷、尷尬等負面言行，要做到隨機應變：第一要處事不驚，保持冷靜的頭腦，方能急中生智，化險為夷；二是要寬宏大量，亂中不忘大局，讓人穩下台階。下面介紹一些隨機應變的方法：

一、以德報怨，贏得人心。

有一個大家庭，因為小媳婦心靈手巧、才智過人、賢慧溫順，頗得公婆寵愛。對此，大媳婦、二媳婦都嫉恨在心。一天，家中輪到小媳婦做飯。她把飯做好之後，又去門前的池塘邊洗衣服。這時，大媳婦、二媳婦使出一條惡計：她倆又往灶膛裏添了一大把火柴，欲使鍋中米飯焦糊串煙，讓一貫心靈手巧的小媳婦在家人面前丟人現眼，陷入尷尬之境。

不一會兒，小媳婦洗完衣服回屋，突聞鍋中米飯串出焦糊氣味。一看灶膛，木柴還在燃燒。生性聰慧的小媳婦已猜出個中原委。她靈機一動，就把略呈焦糊狀的米飯熬成了稀飯，另外又做了些大餅。待眾多家人一起就餐時，她說：「這兩天天氣較熱，大夥兒總吃米飯，胃口一定不大好，所以我熬了些鍋巴稀飯，做了些大餅，給大家調調胃口。」她這麼一說，即刻博得全家人同聲稱讚。此舉既討好了眾多家人，又暗中讓大媳婦、二媳婦下了台階，可謂一舉兩得。

二、因勢利導，化尷尬為神奇。

一次化學課上，化學老師在演示實驗前講道：「當我們把燃燒著的金屬鈉放到裝滿氯氣的集氣瓶中時，將會看到鈉劇烈燃燒並生成大量白煙。」然而，演示時，集氣瓶中出現的不是白煙而是黑煙。全班大驚！老師很快意識到這是由於自己疏忽，忘記清潔表面雜物而導致的結果。他馬上鎮靜下來，並將計就計，繼續把實驗做下去。他問學生A：「你看到了什麼？」學生A不語。教師鼓勵他：「要實事求是，看到什麼說什麼，這才是科學的態度。」「老師，我沒看到白煙，而是黑煙！」A鼓著勇氣回答。「你的觀察很準確。」老師稱讚他，並進一步啟發道：「這樣看來，剛才燃燒的東西就不是金屬鈉了！可是，這的確是塊金屬鈉。那麼，剛才為何燃出黑煙？請同學們回憶一下金屬鈉的物理性質與貯存方法。」

老師拋出了引玉之磚，全班一下子活躍起來。學生C搶著發言：「金屬鈉性質活躍。不能裸露在空氣中，而是貯存在煤油中。」「你說對了！」老師懷著歉疚的心情說：「由於我的疏忽，實驗前沒有將沾在金屬鈉上的煤油處理乾淨，結果發生了剛才的現象。下面，我不打算回頭處理煤油，而是將沾有煤油的金屬鈉繼續燒下去。請大家想想，燒的過程中，煙的顏色將發生什麼變化？」同學們異口同聲地說：「黑煙之後將出現白煙。」老師重新將燃燒著的金屬鈉放到另一個集氣瓶中，燃燒變劇烈了。集氣瓶中的白煙在翻滾！

「同學們，你們的預言實現了！」老師向大家宣布。台下響起熱烈的掌聲。

這裏，老師面對因自己的疏忽所造成的課堂「異變」，沈著冷靜，因勢利導，收到了化尷尬為神奇的效果，充分表現了隨機應變之術的魅力。

三、急智之中，幽默為首。

幽默的談吐和行為是一個人智慧的體現。機智是以幽默最能代表應變中最受推崇的急中生智。

一次，乾隆皇帝突然問劉墉一個怪問題：「京城共有多少人？」劉墉雖猝不及防，卻非常冷靜，立刻回了一句：「只有兩人。」乾隆問：「此話何意？」劉墉答曰：「人再多，其實只有男女兩種，豈不是只有兩人？」

乾隆又問：「今年京城裏有幾人出生？有幾人去世？」劉墉回答：「只有一人出生，卻有十二人去世。」乾隆問：「此話怎講？」劉墉妙答曰：「今年出生的人再多，也都是一個屬相，豈不是只出世一人？今年去世的人則十二種屬相皆有，豈不是死去十二人？」乾隆聽了大笑，深以為然。

這劉墉的回答確實極妙——皇上發問，不回答顯然不行；答吧，心中實在沒個底，又不能亂侃。幸虧他急中生智，迅即以妙答應對。

俗話說：「拿得起，放得下。」這頗有點辯證味兒。

所謂「拿得起」，指的是人在躊躇滿志時的心態，「放得下」則是指人在遭受挫折、遇到困難、辦事不順暢或無奈之時所採取的態度。一個人來到世間，總會遇到順逆之境、進退之間的各種情形與變故。

歌德說得好：「一個人不能永遠做一個英雄或強者，但一個人能夠永遠做一個人。」這裏，「做一個英雄或強者」，指的便是「拿得起」的狀態；而「做一個人」，就是「放得下」的狀態了。說到底，如何對待這「放得下」，才是真正衡量一個人是否具有英雄氣概或勝者風範的重要尺規。

范仲淹說：「不以物喜，不以己悲。」有了這樣一種心境，就能對大悲大喜、厚名重利看得很小很輕很淡，自然也就容易「放得下」了。

綜觀一個人的人生道路，大都呈波浪起伏、凹凸不平之狀。當一個人集榮耀富貴於一身時，他是否想到會有「高處不勝寒」的危機、有「長江後浪逐前浪」的窘迫呢？果然如是，那就不要過分貪戀巔峰時的榮耀和風光，趁著巔峰將過未過之時，從容地撤離高地，或許下得山來，還有另一番風光呢！

俗話說：「天有不測風雲。」因此，一個人有可能遭遇到這樣一些情形：尚未達到最佳狀態和最高峰，卻意外地遭到某種打擊，迫使他去直面「放得下」的窘迫。這時候，最重要的是盡快學會如何「爬起來」。有句老話說得話：「跌下去不疼，爬起來才疼。」這就是痛定思痛的一種表現。反思固然必要，可是，如若長久地斤斤計較於「痛」上面，那就反而可能作繭自縛，手足無措了。

8 挖個坑，就會有水

俗話說：「在地上挖個坑，水就會來。」同樣，想個厚黑主意，錢就會到手。老天總是長眼的，天無絕人之路。

張儀是戰國時期一個才華橫溢的縱橫家，他向秦惠王獻「連橫破縱」之策，為秦國最終統一天下確立了穩當的外交戰略。

但是，張儀剛出茅廬時並不是很成功，而是挫折不斷，潦倒得形同乞丐。他四處遊說，大談自己的政治主張，推銷自己的才華，企圖在某個國家謀得個一官半職。可是，在眾多君王中，具有慧眼的人實在少得可憐，致使他四處碰壁。

後來，他又轉到了楚國。楚懷王連見都不願見他。等了很久，盤纏已經用光，他不得不餓著肚皮東奔西走。

某一天，楚懷王總算同意召見他了。可是，此時張儀已對楚王失去信心，認為他是一個不堪輔佐的君王，不想為他效力了。不過，為了改變目前的窘境，張儀還是決定應召求見。他想先撈一筆錢財，再到他國去謀求發展。

楚懷王的確是一個昏君，他將忠臣殺的殺，趕的趕，終日不理朝政，泡在南后和鄭袖兩個絕色美人的懷裏。

張儀就準備藉由這兩個美人，達到自己的目的。

楚懷王召見他時，顯出極不耐煩的樣子。張儀不管這些，沒像往常那樣高談闊論，客套幾句申，就開門見山地說：「如果大王不想用我，請允許我到晉國去。」

「那你去吧！」楚懷王毫無挽留之意。

「大王不想從晉國得到點什麼東西嗎？」

「黃金、珠寶和象牙，楚國都有，我不要什麼了。」楚王有些不耐煩地說。

「難道美女也不要？」張儀趕緊問了一句。

「美女？」楚王一聽，立即改變了態度。張儀乘機將中原一帶的美女如何美、如何懂得情趣，誇張地描繪了一番，直引得楚王嘴巴都合不攏。

楚王心想，楚國地理位置偏南，而中原一帶地廣人眾，如能得到那裏的美女，當然很好。於是，他給了張儀一大筆金錢財寶，讓張儀火速去辦這件事。

張儀故意把這個消息傳開，直傳到南后和鄭袖的耳朵裏。兩位妃子大起恐慌，擔心中原美女來了之後，自己就會失去楚懷王的寵幸。

不久，南后和鄭袖的使者就跑到張儀的住處，送來一千五百兩黃金，希望他不要帶回中原美女。張儀得到兩大筆錢財，就打點行裝，準備動身了。

臨行前，他到楚王宮裏辭行。楚王一心盼著中原美女早日到手，高興地接見了他，並賜他酒喝。幾杯酒下肚，張儀仗著醉意，大膽請求道：「能不能請大王最寵幸的人也賜我兩杯酒？」楚王破例叫出南后、鄭袖。

張儀一見南后、鄭袖，使勁睜了睜眼睛，一下跪到地上，故做惶然道：「我做了一件蠢事，請大王問罪！」

「這是怎麼回事？」楚王莫名其妙地問道。

「我畢生走遍天下，從沒見過像兩位貴妃這樣的美人。前些天還後要從中原尋訪美女，真是愚蠢之至，罪該萬死！」

楚王聽了，好爽！他哈哈大笑：「算了，算了！我也知道，天下沒有比我的兩位愛妃更美的女子了！」

張儀不費吹灰之力，就改變了自己的困境。

後來，他終於在秦國封相，大展宏圖。

中山國相國司馬熹原來很得國王的信任，但情況突然有了變化。國王的寵姬陰簡不知怎麼的，對他存有偏見，非常憎恨他，常給國王吹枕邊風，說他的壞話。一而再，再而三，國王信以為真，漸漸疏遠了他，並好幾次流露出要更換相國的意思。

俗話說：伴君如伴虎。只要君王覺得某個大臣不大合意，隨便找個岔子，就可以摘掉他的烏紗帽，甚至還可能連腦袋一起搬家。

如何擺脫困境呢？解鈴還須繫鈴人。司馬熹心想：我和陰簡並無利害衝突，應該是可以消除誤解的。當時，中山國國王尚未立后，而國王的幾個寵姬已展開激烈的競爭。只要能幫助陰簡在這場競爭中獲勝，必定會前怨頓消的。

國王之所以一直在幾個寵姬中左右搖擺，不知立哪個好，一方面是因為這幾個寵姬都很討他的歡心，另一方面是因為每個寵姬背後都有一幫大臣在出謀劃策。司馬熹原先並不願介入這種宮廷之爭，待他做出了幫助陰簡的決定之後，立即顯示出技術一籌的本領。

乘著出訪趙國的機會，他開始實施自己的計畫。他對趙王說：「聽說貴國美女很多，可說老實話，我這幾天所見的，沒有一個能和我國的陰簡相比。她那相貌之美、人品之好，仙女一般，真是比花花失色，比月月無光。她的眼、鼻子、臉蛋、頭形、天庭無不精美之至，完全像一個帝王之后的儀態，決非一般的諸侯妃姬啊！」

趙王聽罷，立即喜形於色，表示要將這位美人弄到手。司馬熹嘆道：「只怕我國大王不肯捨棄啊！」趙王只是傲然一笑。

司馬熹回到國內，添油加醋地奏稱趙王是如何好色，如何暗中想將陰簡據為己有。中山國王聽了，十分惱怒。過了幾天，趙國的使者果然來到，要求將陰簡送給趙王，否則就刀兵相見。

中山國王哪裡肯依。可趙國是個大國，如不滿足它的要求，就有滅國的危險。國王愁眉不展，大臣們慌了手腳。這時，司馬熹對國王說：「趙國，我們是得罪不起的。趙王來要陰簡，我們不給就會亡國。給了呢，又一定遭人恥笑。別人會說，連國王的寵姬都讓人霸佔了。不過，我倒有個兩全之策！」

「快說！」國王像抓住了一根救命的稻草。

「大王只要冊封陰簡為后就可以了。從來沒有誰敢要別國的王后為妃的，因為那樣會遭人唾罵。這樣做，既絕了趙王的邪念，又使他失去刀兵相加的理由。」司馬熹不緊不慢地分析著。

「說得有理，就這麼辦。」國王轉怒為喜。

陰簡順利地登上王后的寶座。她對出了大力的司馬熹自然是感恩戴德。

就這樣，喜馬熹略施小計分就扭轉了自己仕途上的危機，並使自己在中山國的地位更加鞏固。

9 利用矛盾，化被動為主動

武則天在爭奪權力的過程中，有同黨，有敵人，另有大量的中間派。她善於在後兩者中間爭取到在某一問題上有共同利益的一批人為己所用，去收拾異己。而大的變動發生時，正是利益分合最激烈的時期，也正是她利用矛盾施展厚黑手段的時候。

例如，為實現臨朝稱制，她先利用，最終消滅了裴炎集團。

高宗死時，他的遺囑並未授予武太后臨朝稱制的權力。關於武氏的權力，他僅說了一句話：「軍國大事有不決者，兼取天后進止。」新皇帝對一般事務乃至軍國大事中能拿準的問題，都可以自行決定，用不著請示太后，只有那些拿不準的問題，才「兼取天后進止」。這對於習慣了掌握大權，政由己出的武則天來說，是不能忍受的。她要扳倒壓在頭上的新君。

在整個廢立過程中，裴炎集團起了幾乎不可替代的作用。當然，武氏家族是廢立的堅決支持者。但要他們幹這種事很不合適，因為這太露骨，從長遠看，並不利於武氏家族。

裴炎集團又是怎麼形成的呢？

當時，朝廷有「顯慶先進」和「上元後進」的矛盾。所謂「顯慶先進」，就是高宗早年顯慶年間便已經在政治上春風得意的人物，如許敬宗、李義府等。「上元後進」則是指直到高宗晚年上元年間才開始在政治上發跡的人物，如武承嗣及北門學士劉禕之、元萬頃等。顯慶先進是皇后在永徽奪宮中倚靠的對象，上元後進則是皇后在全面奪權時候倚靠的對象。

到了上元年間，許敬宗等都已死去，但他們的家族依然存在。他們的子弟對武承嗣等很看不順眼。所謂「顯慶先進」與「上元後進」的矛盾，就是顯慶先進的子弟與上元後進的矛盾。

由上元至永隆年間，政治上出風頭的人物是劉禕之、元萬頃等人。但從永隆元年起，裴炎逐漸發跡，後來形成了一個集團。永隆元年四月，裴炎進了宰相班子。四個月後，太子李賢被廢，他被任命為李賢案三大主審人之一。在這個時候，他與劉禕之走到一起了。劉是北門學士中的首腦人物，討伐李賢的筆桿子，裴與劉的結合是極自然的。這是裴炎集團形成的第一步。

到高宗臨終時，裴炎又成了顧命大臣，受遺詔輔政李顯。他是高宗去世時惟一在場的大臣，威望飆升。六九三年，他升任中書令，成為外廷的首席大臣。這是他權力發展的最高峰。在他身邊，一個集團正在形成。其中，除了劉禕之這樣的大「秀才」，還有西北方面的大將軍程務挺等人。

裴炎集團有一個不成文的政治綱領，那就是一心想要擁立李旦為皇帝。這樣一個實力強大，還帶有若干親李唐色彩的集團被武則天看中了，因為他們有共同的利益和目標。於是，在「顯慶先進」和「上元後進」之中，武氏心中的天平倒向了後者。

廢君需要一個理由。一個突發的事件被武則天利用了。李顯知道自己處境不妙。名義上，他享有絕大的權力，實際上他上有悍母，下有權臣，他們各懷鬼，居心叵測！所以他即位之後，就將老丈人韋玄貞由普州參軍調為預州刺史。十來天後，又打算將他調至中央作侍中。侍中是門下省首腦，職務極為重要。裴炎不同意韋玄貞任侍中，態度相當強硬，因為現任侍中劉景先是裴炎集團中的人物。中宗李顯很生氣，說道：「我就是把國家都讓給韋玄貞，又有何不可！」

嗣聖元年（六八四年）二月六日，太后在洛陽乾元殿召見百官，宣告廢立。然後，她帶著裴炎、劉禕之、程務挺及大群御林軍進入內殿。之後，有人向皇帝宣讀了廢立的詔書。

「我何罪？」皇帝問道。

「你要把天下交給韋玄貞，焉得無罪？」太后答覆。

李顯被迫離開了皇宮。第二天，李旦登上帝位。

「二月廢立」是裴炎與太后兩支力量的結合。裴炎卻不知道自己早已落入太后的圈套之中了。

裴炎等夢寐以求的是擁立李旦，對於臨朝稱制，他們堅決反對。既然如此，裴炎等在廢李顯的過程中，為什麼那樣大賣力氣呢？這就是武太后的藝術。她對裴炎等的心理很瞭解。根據後來的事實看，在雙方密謀的過程中，她根本沒有提出臨朝稱制的問題。她同意了裴炎等的要求：在李顯廢立後，立李旦為帝。太后的這種態度，驅使著裴炎等去為她賣力。但事情沒有按裴炎集團的希望發展，李顯被廢後，新立的皇帝李旦「居於別殿」，「政事決於太后」，李旦不得參與。

這場競賽中，裴炎輸了。因為武氏的權力超過他，智力也超過他！結果就使得他目瞪口呆，啞巴吃黃連，有苦說不出。

武則天實現了臨朝稱制，是這場改變的最終贏家。但新的變故又出現了。由於「顯慶先進」的失意，他們利用人們對武后稱制的不滿，發動了一場軍事政變。六八四年夏，他們在十幾天內就裹脅了十幾萬人，聲勢浩大。

事變發生後，武則天和心懷怨望的裴炎都想讓這次事變朝著有利於自己的方向發展。裴炎必須控制叛亂，使叛亂局限在江南一隅，不發展到中原來，否則他會以逆臣之身伏首；另一方面，他又需要叛亂。對他來說，叛亂是一種兵諫，他可以藉此向武氏施壓，逼她交出政權，取消臨朝稱制。他針對叛軍《討武檄文》的主題，提出：「若太后返政，則此賊不討而解矣！」大有以靜制動，逼太后焦急問計之意。裴炎的侄子薛仲璋是叛軍的首腦之一，正力圖使叛軍南下佔據金陵，而不是西進直指洛陽。

武則天堅決主張征討叛軍。她利用叛軍在南下還是西進的問題上猶豫不決的機會，於得到消息後七日之內就調集了三十萬部隊進討。十月，大敗叛軍。

同時，她不管內戰已開，還是運用厚黑手段，把裴炎一黨下獄除去了。

10 人心都是肉長的

拿破崙的妻子約瑟芬是前博阿爾內子爵夫人，一向水性楊花，生活放蕩。當拿破崙在義大利和埃及戰場浴血搏鬥時，新婚不久的她卻與一個叫夏爾的中尉私通，對拿破崙毫無忠貞可言，她原以為拿破崙會戰死沙漠，根本無意等待他回來。

一七九九年10月，拿破崙從埃及回到法國，受到熱烈歡迎。約瑟芬驚呆了。拿破崙成了歐洲最知名的人物，法國的救星，前程無量。她欺騙了拿破崙，這時後悔了。於是她不辭辛勞，坐著馬車，長途跋涉，去法國南部的里昂迎接拿破崙。她想在拿破崙與家人見面之前見到他，趁著他正在興奮中矇騙他，以避免自己的醜事敗露。

她好不容易到達里昂，拿破與卻早已從另一條路走了，並與家人會合。拿破崙對妻子的不貞早有耳聞，只是不怎麼相信。待他確信約瑟芬確實對他不忠，他暴露如雷，下決心與她離婚。

約瑟芬知道大事不好，日夜兼程趕回巴黎。

拿破崙吩咐僕人，不讓她走進家門。她勉強進了門，靜下神來，決定壯著膽子去見丈夫。她來到拿破崙的臥室門前，輕輕敲門，沒有回答。轉動門把。門被鎖得死死的。她再次敲門，並溫柔而哀婉地呼喚。拿破崙沒有理睬。

她失聲大哭，短促伸吟。拿破崙無動於衷。她哭著，用雙手捶打著門，請求原諒，承認自己因一時輕率、幼稚，犯下大錯，並提起他們以前的海誓山盟。還說，如果他不能寬恕，她就只有一死。但這些話仍然打不動拿破崙。

約瑟芬哭到深夜，不再哭了。她忽然想起孩子們，眼睛一亮，燃起了希望之光。她知道，拿破崙愛她的兩個孩子奧坦絲和歐仁，尤其喜歡歐仁。這是打動拿破崙心腸的好辦法。讓孩子求他，他可能會改變主意的。孩子們來了，天真而笨拙地哀求著。

人心都是肉長的，約瑟芬這一招終於成功。

拿路崙雖然知道約瑟芬已背叛他，她的哭聲卻在他的腦海裏泛起他們相愛時的美好回憶。奧坦絲和歐仁的哀求聲更衝破了他的心防，他熱淚盈眶。於是，房門打開了，拿破崙與約瑟芬重歸於好。後來拿破崙登基時，約瑟芬成了皇后，榮耀之至。

在請求中添加眼淚，可以有效地軟化對手，讓你的苦苦哀求更為動人，達到加速感動對方的效果。伸手不打笑臉人，打「哭成一個淚人」的懇求者更很少人會做。

「眼淚戰術」並不一定局限於哭鼻子，凡裝成一付可憐兮兮樣的辦法，都屬於箇中技巧。推銷員與記者的某些做法堪稱典型。

推銷員推銷產品時，難免遭到客戶的拒絕。過了一段時期，他又毫不氣餒地再次來了。客戶看到他汗水淋淋，卻還滿臉笑容，不買就太過意不去了。於是，就給對方一個「機會」買了一點吧！

落雨下雪是推銷員上門的好日子。外面下著雨，別人都躲在家裏，而他站在門口，不能不使你產生同情心，因而難以拒絕。雖然我們都很清楚，這是推銷員所採取的一種策略。但他真這樣做了，你又很難無動於衷！

這種推銷方法，就是巧妙地利用了人性的弱點。本來不打算購買的人，也會產生「他好辛苦，不能讓他又白跑了」的想法。要使對方做大幅度的退讓，就得讓他多積累些微小的心理負擔。當這種心理負擔擴大到一定程度時，他就只能讓步了。

常言道：「人情賣給熟面孔。」給不給面子，往往是熟人之間的事。因此，與陌生人拉關係、套近乎，光是厚臉皮不行，死磨硬泡更談不上，必須講究方法。俗話說：一回生，兩回熟。只要能打開突破口，與對方拉上關係，就要毫不放鬆，接二連三地貼上去。日久天長，雙方的關係就有點兒扯不清了。

11 「粘」上你的意中人

日常生活中，碰上了讓你怦然心跳的異性，卻苦於無法接近搭話，必然會令你抱憾不已。下面介紹的就是愛情交際學中，如何巧妙地厚著臉皮與素不相識的異性「粘」上的辦法。

一、要樹立搭訕並非丟臉的觀念，克服恐懼心理。

一見傾心，終成眷屬，這種富有浪漫色彩的愛情故事屢見不鮮，但如果你是屬於臉皮薄，又十分守規矩的老實人——由於受「男女授受不親」等傳統觀念的影響，即使你對某人一見鍾情，也只好把這種情感深藏於心。有人說：「愛情是一種緣分。」但如何把握住「天賜良緣」呢？

一般情況下，每個人都喜歡傾聽別人談話；聽到的若是奇聞逸事，興趣更濃。有的女性看起來高傲，甚至面若冰霜，似乎難以接近，實際上她內心的孤獨感更強，只是用冷漠的面具掩飾內心的不安。因此，你不必顧慮，上前搭訕可也。攀談時要面對微笑。微笑能消除自己的緊張，並融洽談話的氣氛。同時，應以充滿真誠且明亮有神的眼睛注視對方。這不僅是一種禮貌，也是溝通感情的輔助語言，且易使對方減少戒備，產生信賴。但不宜長久凝視對方。注視使人感到親切，凝視則會讓人心生害怕。

二、尋找共同點作為話題。

「物以類聚，人以群分。」每個人的社交圈都是以自己為圓心，以共同點（年齡、愛好、經歷、知識層次等）為半徑，畫出無數同心圓。共同點越多，共同語言越契合，越容易引起對方的共鳴。比如，同班就比同校親密，同宿舍的又比同班的交情好，更容易建立起牢固的友誼。因此，在與他人搭訕時，一定要留意共同點，不斷把共同點擴大，對方談起來才會興致勃勃，談話才會深入而持久。

三、不要過於嚴肅，幽默一點，效果更好。

與陌生的異性交談，不能一本正經，要有幽默感。幽默是人際關係的潤滑濟，智慧的結晶，可以帶給別人快樂。誰能拒絕這令人賞心悅耳的禮物呢？

有這樣一則故事：在擁擠的公共汽車上，一個年輕人不慎踩了某人的腳。回頭一看，原來是一位姑娘。姑娘滿臉怒氣。年輕人忙說：「對不起！對不起！我不是故意的。」接著伸出一隻腳，認真地說：「要不，你也踩我一下。」姑娘一下子被這句話逗樂了。年輕人趁機搭訕，姑娘很樂意地和他交談。他的活潑和幽默，給對方留下深刻的印象。

四、多談對方關心的事。

搭訕中，你不可大肆吹噓自己。這只會令對方反感。你必須把對方關心的事放進去。對方關心什麼呢？人最關心的是自己，這是人類最普遍的心理現象。比如，當我們觀看一張合影相片時，最先尋找的必是自己。如果自己的面目拍得走了樣，就會認為整張照片拍得不好。因此，你必須談對方所關心的，而且不斷提起，不斷深化。這樣，對方不僅不會厭惡，還會認為你很體貼他（她）。

五、策劃好一個小事件，顯得像是偶然間的巧合。

你可能苦無機會和陌生的意中人接觸，更談不上去搭訕。在這樣的情況下，你可以「製造」一個機會。

一個夏天的星期六下午，一位五官端正、衣著入時的青年手捧一束紅玫瑰，禮貌地敲了一間公寓的門。公寓的主人是西德外交部的一個年輕女秘書海因茲。她謹慎地打開門。面對門外的不速之客，她覺得不知所措。來人連連道歉：「我敲錯了門，是個誤會，請原諒。」然後轉身離去。未走兩步，又轉身走過來說：「請收下這束鮮花，作為我打擾你的補償。」海因茲盛情難卻，把他請進房裏。兩人就這樣認識了。

實際上，這個偶然的誤會是男青年早就「策劃」好的。像這樣的善意「欺騙」，並不會傷害對方，似乎不必苛責。

需要注意的是，在與陌生的異性交談時，不要爭執，不要議論彼此熟悉之人的短長，更不可刨根挖柢，詢問別人的私生活。如果不小心談及對方敏感的內容，要巧妙而迅速地轉移話題。

另外，不可嘻皮笑臉，胡攪蠻纏，更不能用粗俗的下流話挑逗對方（別把肉麻當有趣）。這是品質低劣，內心骯髒的反映，只會引起對方的反感和訓斥。

12 不妨先把敵人推向頂點

在《戰爭論》中，克勞塞維茨以其奇特的思維，得出了許多膾炙人口的結論，連珠妙語之中透露著靈氣和哲理，叫人回味無窮。談到進攻，他獨創性地提出了一個新概念，叫作「進攻的頂點」。為解釋這一概念，他做了一段精彩的論述：

「進攻者可以像買東西一樣，獲得一些在媾和談判時對他有利的條件。但他必須先以自己的軍隊為代價付出現款。如果進攻者能夠把自己日益減弱的優勢一直保持到媾和為止，他的目的就達到了。大多數戰略性進攻只能進行到它的力量還足以進行防禦以等待媾和的那個時刻為止。超過這一時刻，就會發生劇變，遭到還擊，這種還擊的力量通常比進攻者的進攻力量大得多。我們把這個時刻叫作『進攻的頂點』。」

同樣，勝利也有頂點。當勝利的一方跨越頂點時。失敗就會接踵而至。我們把這一規律稱為「頂點定律」。

如果勝利的一方還沒有足夠的物質和精神力量去維持已經得到的勝利，那就是跨越了頂點。換句話說，收穫必須量力而行。超過了一定的限度，就會造成惡果。力量可以達到的地方與力量可以鞏固的地方，絕不是同一回事。中國有句成語叫「強弩之末」。強弩百步之內可以穿金削鐵。到千步之外時，卻紙綿不破。這也是因為超過了頂點。

失敗的一方如深信「頂點定律」，就能運用謀略，順著敵方貪求更大勝利之意，縱其跨越頂點，使其在不該得到時得到，不該收穫的季節收穫。依此而行，反敗為勝也就為期不遠了。

還有一個絕招，是將勝利者推向更大的勝利，這表面上看似荒唐，但其中含有豐富的哲理，不失為敗後制勝的一大怪招。

有一則寓言說：一隻在森林邊緣生活慣了的鳥兒看到藍天浩大，一望無際，決定飛出森林。牠飛呀飛，突然發現前方金光四射，一片橙黃，喜得牠舞姿翩翩，逕直向前。不料，當牠精疲力竭地飛到那兒，才知道那原來是浩瀚的戈壁。牠饑渴難耐，卻找不到食物，也尋覓不到可供棲息的樹枝；想返回那蔥鬱富饒的森林，卻已經沒有力氣，也來不及了因為接踵而至的是風沙的怒吼和寒夜的降臨。

這隻在尚有能力（體力）之時不知返飛的癡鳥已超越了「頂點」，最後面臨了死亡的威脅。是什麼推動著牠不顧前途的兇險和後果呢？是遠方那「一片澄黃」。

失敗的一方如果能夠人為地製造出那「一片澄黃」，就極可能實現「推」著對手越過「頂點」的目的——把敵人推向死亡，自己則跨入勝利。「推」有多種手段，最易成功的莫過於表面裝著在維護對手的利益，或頌揚、或誇耀、或出格地恭敬，讓其陶醉在雲裏霧裏，舒舒服服，不知高低，忘乎所以。自己則暗地裏另有圖謀。

過分地「捧」而葬送一個勝利者的例子，生活中屢見不鮮。捧得越高，摔得越重；捧到天邊，一旦掉下來，就會粉身碎骨。有時候，人捧人，並非心懷惡意，而是想表達自己的崇敬。但往往事與願違，結局卻是「掃興」。這是因為不自覺運用了「頂點定律」。比如，體育健將、影視明星或者企業家一旦獲得成功，各種頭銜和榮譽就會紛至沓來。給予成功者以適度的獎勵，這本是好事，但如果超出了其勞動所應得或其心理所能承受的限度——也就是所謂的「頂點」，就會帶來反效果。

頭銜多了、社會關係廣了，各種應酬隨之增加，對業務能力就沒有精力繼續提高了。這是第一個惡果。由於成功者接受了那些他們本不該得到的金錢和榮譽，容易產生驕傲的心理，並且很容易遭人嫉妒，成為一些人攻擊的靶子。這是第二個惡果。這些恐怕就是有些成功者成功之後又很快銷聲匿跡的一個重要原因。

卑躬屈膝，伏首稱臣，尊對手為王，使其成為其他強手嫉妒的對象，這是一種將對手「推過頂點」的方法。

ch.5

人們大都盲目崇拜大人物

1 牛皮可以吹不破

得不到的東西總是最好的，因為想像力比視力能量更大。

重要人物總是為保持神祕感，減少在公眾場合露臉的次數，吊大家的胃口。獅子般的人物一旦與人親近，便失去了威嚴。戀愛時更是如此。

一些「古典好女孩」認為：一旦和男孩子建立了親密關係，就必須始終不渝地去愛這個男孩，締結終身。同時與兩個以上的男孩子保持密切關係是大逆不道的。

為此，她可能在很短的時間內便將自己的情感完全付出。她可以為男友做任何事，諸如做晚餐，買禮物送給他，請他看電影、喝咖啡，甚至替他安排日常生活作息。總之，面對男友，她是招之即來，來了就做，做得使他滿意。

男孩起初被她熱烈的情感所感動，可是時間長了，他的興趣很快就會消失了，開始對她興味索然，逐漸逃得遠遠的。搞得她一頭霧水，理不出頭緒，不知道自己錯在哪裡。

其實，女孩在任何男孩面前，都不能表現得太急切。你要讓他知道，除了他以外，你還有其他男友。男子天生好競爭。如果他不能為你而競爭，就很可能會去找一個比較具有挑戰性的女孩。

心理學中有一種「升值規律」，即越是得不到的東西，越是朝思暮想。異性之間的情戀尤其如此。各種娛樂場所中的上班女郎，成天泡在男人堆裏，為什麼不能獲得一個真心的男人？大概就是太容易得到的也很容易忘卻吧！因此，不要凡事有求必應，必須適時地拒絕，以保持一分神祕感。

他若邀請你外出遊玩，不妨告訴他，你很想去，可惜已經有其它約會。這種做法，必然可以刺激他對你的興趣。男孩子大都喜歡去追一個炙手可熱的女孩；競爭者愈多，他愈感到興趣盎然。得到這樣的女孩，他才會覺得榮耀。沒有人在意的女孩，男孩子是不會感興趣的。

讓別人欽佩自己的方法很多，吹牛皮也是其中之一。為了表現你的發展潛力，你可以編織一幅美麗、宏偉的藍圖。縱使這幅藍圖完全不可能實現，卻能給人留下很好的印象。比如，你可以對你的同事、朋友說：「我將來要獨力創業，而且一定要實現這個計畫。」並將這樣的話重覆數次。這樣，連那些原本不太相信的人，也會不知不覺地認為：「千萬不可小看他！這傢伙很可能幹出一番轟轟烈烈的事業來。」

想要說服女生，你不妨儘量談論你對未來的設想。若女方本來對你懷有好感，又聽了這種牛皮大話，內心便可能不由得沾沾自喜，以為自己交到了理想的男朋友，甚至想助一臂之力。至於你是否真能大展宏圖，那就是另一回事了。

吹牛皮表現自我的厚黑方法多種多樣，最簡單、最容易迷惑人的方法是攀龍附鳳，與名流權貴混在一起，濫竽充數。

總統的一句尋常話，在記者眼裏便是救命稻草；經常出入富人區的僕人，人們也會將他和權貴人士扯在一起。

具體說來，有以下辦法可達到造勢的效果。

一般人總以為，那些經常出入高級場所，與上流人物打交道的人就是上流人物。一些騙子就經常利用人們的這一心理，在某些場所冒充上流人物。

一流的飯店和餐廳是最有利於騙子作案的場所。作案之前，他們會對飯店的構造、設備、功能表等，做一番詳細的瞭解。接著，在招待自己選擇好的欺騙對象時，就表現出自己是這家飯店的常客。只要他的表演技術高明，警戒心很高的人也難免受騙。他會向你這樣介紹：「這家飯店的菜最有名，湯也是相當可口的上乘之作。」你想上洗手間，他會毫不含糊地告訴你在什麼地方。就這樣，在他的熱情招待下，你的警惕心會漸漸放鬆，一步一步陷入他預先設計好的圈套。

2 讓自己像個大人物

「一人得道，雞犬升天。」這在中國歷代官場是很常見到的現象。

皇帝家族不必說了，男為王侯女為公主，天經地義。皇后一門自然也差不了，父親是國丈，兄弟成了國舅爺，連姊妹們也都成了什麼國夫人。外戚都是在皇后裙帶的提攜下走上政治舞臺，成為歷代政壇上最有權勢的政治力量。

西漢初，呂后一家幾乎取劉氏政權而代之。後期，由於王家一門獨霸政壇，最後終於由王莽取代了漢朝政權。東漢的梁家，唐朝的武氏、楊氏，這些左右朝政的政治勢力都是裙帶風的產物。上行下效，皇帝皇后如此，下面的官僚自然如法照搬。只要一人作官，三兄四弟、七大姑八大姨，甚至一些狐朋狗黨，無不跟著沾光。

中國歷代官場，從上到下，便是這種或以血統、或以親族、或以師友、或以鄉里等等關係組成的大大小小的關係網。

漢武帝時，一代名將衛青其實不姓衛，他的母親衛媼在武帝的姊姊平陽公主家作婢女，嫁與衛氏，生下一男三女。男叫衛長君，長女叫君孺，次女名少兒，三女衛子夫，就是後來武帝的衛皇后。衛媼因丈夫早死，耐不住寂寞，便與公主家的僕人鄭季私通，生下一個兒子，取名為青，因此衛青應叫鄭青。

衛媼因子女眾多，難以養活，便讓鄭季將這個私生子帶回鄭家。無奈鄭季已有妻室，並有了好幾個兒子，怎容得下衛青。可又不好趕他走。鄭季便讓衛青去放羊，視若奴僕。鄭家母子也不將他當人，任意叱罵驅使，使他受了許多苦楚。衛青一看，在父親家難以立足，便又來投奔母親。

衛媼向主人平陽公主求情，將他收留下來。此時他已是一個彪形大漢，相貌堂堂。公主將他留在身邊，充任騎奴，每當出行，便要他騎馬相隨護衛。後來，他一想鄭家對他全無情義，不如乾脆改隨母姓，從此便叫衛青。

正在此時，三姊衛子夫被武帝看中，召入宮中，甚得寵幸。於是，衛氏兄姊驟登顯貴，長子衛長君被封為侍中，長女君孺之婿公孫賀升官為太僕，二女少兒的夫婿陳掌授官詹事。衛青雖是同母異父的弟弟，也被授以大中大夫之職。

此後，衛青多次受命率軍出擊匈奴。這個在困境中成長的牧羊兒具有卓越的軍事才能，屢戰屢勝。一次戰鬥中，俘虜了匈奴首領十餘人，男女一萬五千餘人，牲畜一百餘萬頭。班師回朝之際，漢武派遣使者迎至邊境，在軍營中當眾拜他為大將軍，統率全線兵馬，三個兒子也同日封侯。從此衛青恩寵無比。

有趣的是，他當年的主人平陽公主已經喪夫，有意再嫁。她派人打聽，如今朝臣中誰最顯貴。有人向她薦了衛青。這卻讓她有些為難了：「他原是我家騎奴，當年曾隨我出入侍奉，這個口怎麼開？」眾人道：「此一時，彼一時。大將軍可是今非昔比了。她的三姊是皇后，子皆封侯，當今除了皇上，還有誰比他尊貴？」公主一聽，也覺心動。再說，衛青正當盛年，身材雄偉，相貌堂堂，有了這個夫君，也是後半生的福氣。於是她老著面皮，到宮中求那位當年為她家歌女，今日貴為皇后的衛子夫從中撮合，成就了這段姻緣。

與衛青的戰功、名聲相匹敵的霍去病也是一名私生子，而且是衛青的親外甥，衛媪第二個女兒少兒所生。看來，這對母女都頗風流。她所私通的也是一名在平陽公主家執役的僕人，名叫霍仲孺，生下了霍去病。所不同的是，少兒沒有將霍去病交給父親，而由自己撫養成人。

在衛子夫得幸於漢武帝之後，霍去病也大沾其光，十八歲便被授以侍中之職，成為皇帝的貼身禁衛。後來隨舅舅衛青出擊匈奴，也立下赫赫戰功，成為名留青史的一代戰將。

再說那位霍仲孺，與衛少兒私通之後不久，便離開了平陽公主家。他並不知道已在少兒腹中留下一粒血種，回到故鄉之後娶妻生子，生下一個兒子，取名霍光，和衛少兒未再聯繫。

有一年，聽說朝廷派遣了一位驃騎將軍北上出擊匈奴，途經河東府，河東府太守親自出城迎接，將這位將軍安置在官府的驛舍裏住下。這全是朝廷和官府的事，霍仲孺一個平頭百姓，和這些事全無關係，也就不去關心。

不料，官府突然派人來將他接至驛舍。那位有眾多士兵拱衛的將軍見了他，竟納頭便拜：「去病叩拜父親大人！」霍仲孺如癡如夢，沒料到自己會有這麼身世顯赫的兒子。霍去病為父親大量購置了田地、房產、奴婢，而後離去。待他班師回朝，又繞道河東府，將年僅十幾歲的同父異母弟霍光攜至長安。

這位霍光，便是歷仕三代皇帝（漢武帝、漢昭帝、漢宣帝），擁立兩位帝王的大功臣，中國歷史上的名臣之一。

你看，由一位衛皇后，引出了多少文臣武將啊！

3 最黑的人也有朋友

清末太監李蓮英雖然內心陰險狠毒，但在不損害慈禧太后和自身的利益時，也會偽作善人，對下屬大加照顧。所以，在宮內，他落了個「體恤」下屬的好名聲。

慈禧六十大壽時在頤和園中遊園。由於工程緊張，園中有些建築的裝修還沒竣工。李蓮英為了不使慈禧發怒，就帶路繞著走，躲過還沒修好的建築。見到有些地方的方磚沒鋪好，他就緊走幾步，站在缺磚的地方，用長袍遮住，擋住慈禧的視線。這些掩飾，使負責修建頤和園的官員感恩不盡。

對光緒皇帝，李蓮英也用兩面派手法。光緒三歲時入宮，還是李蓮英親自接進去的。醇親王夫婦一再托咐他照顧好光緒，還經常給他送厚禮。

在慈禧與光緒的鬥爭中，李蓮英當然站在慈禧的立場。但在表面上，他對光緒深表同情。光緒被囚禁時，慈禧派人送給光緒的食物，有時故意送餿臭的。李蓮英常藉請安之機，偷偷地在衣袖中藏些糕點，帶給光緒，使光緒無比感恩戴德。

在八國聯軍打進北京，皇帝避難於西安的路上，李蓮英見光緒衣著單薄，還當著眾人的面，脫下自己的外罩給光緒披上；一路上更是問寒問暖，照顧得盡心盡力，連下人都為他的善良體貼所感動。

李蓮英為人有一定的政治眼光，他連任了同治、光緒兩朝內務大總管，與他善於籠絡人心是分不開的。

「有事」時才「有人」是當前社會的普遍的現象。為求發展，達到自己的目標，辦事時必須甜言蜜語。否則是辦不成事的。如果「有事」時卻「無人」，那只能說明你無法適應當前的社會環境，缺乏處世辦事的能力和維繫人際關係最基本的條件。

按中國傳統思維，社交不可預立目標，應該「以情會友，別無所求」，交朋友要奉行一種無為哲學。誰要是在交往中注重了交往對象的使用價值，然後想方設法接近他、利用他，就會被認為「太勢利」。其實這種觀點真是太迂腐了，現代社會的人際網路，就是要互相利用資訊，互相幫助：才能成就一番事業的。

社交有三個基本目標。我們不能只強調資訊共享、情感溝通而拒絕相求相助，把相求相助都當成「勢利」看待。為了相求相助而社交，這不是「勢利」，是人類有別於其他動物的一種社會性行為。不妨設想，有這麼一個人，他既不能與你資訊共享、情感溝通，也不能與你相求相助，你會與他交朋友嗎？恐怕不會。可見，人際交往還是有選擇的。選擇就是一種目標的體現。

「關係」，通常要花一點厚黑功夫才能取得。

一家公司在兩個月內將面臨大裁員或破產的打擊。員工早有所聞，有人像無頭蒼蠅，不知如何是好，有人則已悄悄打電話聯絡，尋找下一個工作機會，以免和公司「同歸於盡」。可以肯定，後者一定比慌張失措的同事先找到工作，之後也會繼續依靠「關係」，追求更卓越的生涯。

事實上，「關係」對他們來說，就是生命線。和外界保持某種程度的「關係」，消息才會靈通。要是問他們，這些「關係」是怎麼來的，恐怕他們也答不上來。這種事並非鬼鬼祟祟、見不得人的勾當，而是一般人成功的祕訣。他們瞭解「團結力量大」的道理，善於在最不可能的地方得到情報。

善於拓展「關係」的人即是社交高手。不管是在宴會、洽談公事還是私人聚會上，他們總會掌握時機。對這些「溝通大師」而言，人生就是一場歷險記——會議室、酒吧、街角、餐廳，甚至三溫暖，處處都可以「增廣見聞」。他們會隨時豎起耳朵，收聽精彩的內幕消息或蜚短流長。只要多走動，必有收穫。

總而言之，一般人心中總是想著身邊的「關係」有無用處，看看是否能從雙方的需要上做些文章，以使關係套牢。此乃人之常情，無可厚非。

人的一生會出現許多變遷。從此地到彼地，從舊環境到新環境，每個人都少不了這樣的經歷。每有這種變遷，你都面臨著一個陌生的交際空間，要涉足一個新的交際圈，重構一個良好的人際關係。這段時間就是人際關係的磨合期。在這個磨合期，如果你處置不當，就會與新環境格格不入。處理得好，你會很快融入其中。

4 做人不可無限度的寬厚

為人不可囿於寬厚，而應學會對他人的無禮，給予反擊。對方成心讓你下不了台，你怎能只張著口而不自衛呢？這時，你的心也要硬起來才行。

首先要借力使力，順水推舟，借石反砸。其次要冷靜沈著，一擊即中要害，用力迅猛，使對方一下子就啞口無言。

晉朝劉道真讀過書，卻因遭受戰禍，流離失所，無以為生，只好到一條河邊當縴夫。劉道真素來嘴不饒人，喜歡嘲笑別人。一天，他正在河邊拉縴，看見一個老婦人在一隻船上搖櫓。他嘲笑道：「女子為什麼不在家織布，跑到河裏划船？」那老婦反唇相譏：「大丈夫為什麼不跨馬揮鞭，跑到河邊替人拉縴？」

又有一天，劉道真正在草屋裏與人共用一隻盤子吃飯，見到一個年長的婦人領著兩個小孩從草屋前走過，三個人都穿著青衣，就嘲笑她們：「青羊引雙羔。」那婦人望了他一眼，說：「兩豬共一槽。」劉道真無言以對。

生活中，總有那麼一些人愛故意找碴兒，尋釁滋事，想讓別人下不了台。這時你如果退避三舍，必會遭人恥笑；視而不見，也難免落下軟弱之嫌。化被動為主動，反唇相譏，既可讓尋釁者無言以對，也能在主動中找到台階下。

齊國的相國晏子即將出使楚國。楚王聽到這個消息，對左右的人說：「晏嬰是齊國很能言善道的高手，現在正動身來我國，我想侮辱他，用什麼辦法好呢？」左右的人出了個主意。

晏子來到楚國，楚王設宴招待。當大家酒興正濃，兩個差人捆著一個人走到楚王面前。楚王故意問道：「你們捆綁的這人幹了什麼？」差人回答：「他是齊國人，犯了偷盜罪。」

楚王笑問晏子：「齊國人本就善於偷盜，是嗎？」

晏子站起來離開席位，鄭重其事地回答：「我曾聽過這樣一個故事：橘樹生長在淮河以南，是橘樹；生長在淮河以北，就成了枳樹。橘樹和枳樹雖然長得很像，但它們結出的果實，味道不大相同，橘子甜，枳子酸。為啥呢?由於水土不同啊!如今在齊國土生土長的人住齊國時不做賊，一到楚國就又偷又盜，莫不是楚國的水土使老百姓慣於做賊吧？」

楚王一聽，只得苦笑道：「德才兼備的聖人，是不能同他開玩笑的。我真是自討沒趣呀！」

碰到一些無理取鬧的人，一般人常常大發一通怒火，大罵一頓無賴。可到頭來，對方還是振振有詞，頭頭是道，自己倒氣得手腳發顫，可以只會說：「豈有此理，豈有此理！」

那麼，應該怎樣才能反擊無理取鬧的行為，使對方理虧詞窮，無言以對呢？

首先，不可激動，要控制情緒。這種時候，心境平和對反擊對方有重要的作用：一、是表現自己的涵養與氣量，以「猝然臨之而不驚，無故加之而不怒」的大丈夫氣概鎮住對方。如果一下子就犯顏動怒，變臉作色，這不是勇敢的行為。二、是只有平靜情緒，才能從容找出最佳對策，否則就可能做出莽撞之舉。

在反唇相譏的過程中，不能說了半天，還不得要領，或詞軟話綿。打擊點要準，一出手就擊中要害；反擊力要猛，一下子就使對方啞口無言。

有時候，你想把別人的嘲諷和指責頂回去，讓他住口，卻偏偏想不出什麼妙語。事後，你把這些談話回想了一遍，發現當時只要稍作變通，說一兩句話，也許就可以為自己保住面子，免受一場精神折磨。然而事情已經過去，你只有懊悔的份兒，反問自己：為什麼當時沒有想到？

真正的問題是：你可能根本沒有存心想出一句話，每次遇到別人的侮辱，就會舌頭發麻，說不出話。事後再歸咎自己的羞怯、不靈活，一受欺負就驚惶失措。

一個人如果只知道帶槍，卻不知道如何瞄準、扣板機，那就等於手無寸鐵。所以，反擊之前，先要把對方說出的話語聽明白，以便掌握目標，瞄準靶子再回下扳機。這樣才能既不濫殺無辜，也不放過小人。

一旦聽懂了對方的用意，發現對方有明顯的攻擊意味，你就要提高警覺，及時做出判斷：一、是反擊要具有針對性。如果對方發動的是侮辱性攻擊，反擊也應當是侮辱性的；對方發動的是諷刺性攻擊，反擊也應當是諷刺性的。二、是後發制人，迅速而巧妙地把恥辱的標籤貼到挑釁者臉上。三、是在方法上，撿起對方扔過來的石頭扔回對方，或順水推舟，巧妙地將矛頭轉向對方。

5 狸貓換太子

兩隻猛獸狹路相逢，誰也不會先採取攻擊行動，必定仔細觀察對方，找出破綻之後才以迅雷不及掩耳之勢一擊而中，讓對方再也沒有還手的機會。遇上厚黑高手時也一樣，只要你有足夠的耐心，一定能等到對方鬆懈的一刻，進而一勞永逸地擺平他。來進攻你的人可能依托其「後方鞏固」。這時，「圍魏救趙」之計便是最典型的計謀：攻向他的大後方，叫他後院起火。

傲氣之人自有他傲氣的資本。如果能對症下藥，「凍結」他的生產資金，就可同釜底抽薪，定能逼使他變乖一些。

大部分有頭有臉者都死要面子。對準他的弱點，來個「你怕什麼，就跟你來什麼」，就如同動搖了他的精神支柱，任他鐵板一塊、軟硬不吃，也會繃不住勁兒。

宋真宗的正宮娘娘章獻皇后聰明伶俐，好勝心強，政治手腕高明，在後宮中可謂一手遮天，連真宗也佩服她，有了為難的事便與她商量。怎奈她肚子不爭氣，十幾年了，也沒給皇上生出個兒子來。真宗為了宋家江山，便廣召嬪妃，以求生子。其中有位李宸妃，善解人意，很得真宗寵愛。這李宸妃也很爭氣，侍御不久，便嘔酸減飯，眼見得有喜在身了。

章獻皇后本是個醋罈子，原本不放真宗與嬪妃共居。但自己老不生育，也漸漸管不住真宗了。這回一聽李宸妃懷孕，不啻五雷轟頂，頓時愣在那裏。李宸妃最得真宗寵愛，萬一生下來是兒子，必封為太子無疑。將來太子登基，母憑子貴，太后的寶座就不屬於自己了。怎麼辦？派親信太監把李宸妃除掉？那倒一了百了。但一轉念，她覺得此事不妥。萬一露了馬腳，自己會立即被打入冷宮……思來想去，她突然想出一條「偷梁換柱」的妙計。

第二天，她在腰上纏了些布條，看上去鼓鼓囊囊，也似懷孕之狀，又常裝作乾嘔狀。真宗一見，非常高興，因為生男孩的保險係數更大了。於是，他高興地對章獻皇后和李宸妃許下心願：生下來哪個是男的，便立為太子。若都是男的，先生下來的立為太子。兩人都點頭答應。

自此，李宸妃的肚子天天鼓，章獻皇后的布條天天加。為了實現計畫，章獻皇后又做了兩件工作：其一，找人算卦，說皇后的身孕怕命硬的人沖，所以不讓皇上近身，實際上是怕戳穿她的詭計。其二，加緊收買李宸妃的貼身太監閻文應。

懷胎十月，快要臨產了，閻文應也被買通了，不時向章獻皇后報告李宸妃的情況。一天，李宸妃腹痛生產，皇后也在床上滾了起來。

真宗聞聽二人一起生產，快步來到後宮。先去皇后宮中一看，是一個白胖的兒子，心中大為高興。又到李宸妃宮中，卻看她竟生下一隻狸貓，心生厭惡，命人速速埋掉。李宸妃生產時疼昏過去，不知就裏，醒來時見自己生了隻狸貓，只有嗚嗚地哭，半句話也說不出來。

李宸妃既然可能母憑子貴，那章獻皇后便偷走太子這個支撐台子的鐵柱子，換上了狸貓這泥巴做的台柱，李宸妃的「台子」豈能不垮？皇后不但拆了別人的台，竟然用偷來的柱子撐起自己的台面，這台真是拆出「精」來了。

唐末，浙江裘甫起兵叛亂。朝廷任命王式為觀察史，鎮壓叛亂。

剛上任的第一件事，王式便命人將縣裏糧倉中的糧食發給饑民。眾將官迷惑不解，都說：「您剛上任，軍隊的糧餉又那麼緊張，把縣裏糧倉中的存糧發給百姓，這是怎麼回事？」王式笑道：「反賊用搶倉中存糧的把戲誘惑貧困的百姓造反，現在我向他們散發糧食，貧苦百姓就不會強搶了。再者，各縣沒有守兵，根本無力防守糧倉，如果不把糧食發給貧苦百姓，等敵人來了，反倒資助了敵人。」

眾將一聽，的確是言之有理。果然，叛軍到達之後，百姓紛紛抵抗，不到幾個月功夫，叛亂便被平定了。

王式眼光敏銳，發現了糧食這個臺柱子，便通過分糧食，成功地拆了叛軍之臺。

孫臏不愧為兵聖孫武之後，善出厚黑奇計。

「圍魏救趙」之計就源於他策劃的齊魏桂陵之戰。

魏國攻打趙國，包圍了趙都邯鄲。趙國向齊國求救。公元前三五三年，齊國派田忌為將，孫臏為軍師，率兵八萬，援救趙國。一開始，田忌想直接率軍與魏軍決戰。孫臏卻另有高見：「派兵解圍，得避開實力，打其虛處，攻其必救。現在魏國的精銳部隊在打趙國，國內空虛，我們應攻打魏國都城大梁。這樣，魏軍定會回師自救。」

田忌採納了孫臏的謀略。魏軍聽到齊國攻打都城的消息，急忙回救。齊軍在桂陵一帶已設下埋伏，打了遠道退回的魏軍一個措手不及，救了趙國。

西漢初年，高祖劉邦率大軍與匈奴交戰。劉邦求勝心切，帶領騎兵追擊敵軍，把大隊人馬丟在後面。不料剛剛追到平城，便中了匈奴的埋伏，被迫困守白登山。這時，後續部隊被匈奴軍隊分頭阻擋，無法前來解圍，形勢十分危急。

到了第四天，被圍困的漢軍糧草越來越少，傷亡的將士不斷增加。劉邦君臣急得像熱鍋上的螞蟻，坐立不安。

跟隨劉邦的謀士陳平無時不在苦思冥想著突圍之計。這天，他正在山上觀察敵營的動靜，看見山下敵軍中有一男一女指揮著匈奴兵。一打聽才知道，這一男一女正是匈奴王冒頓單于和他的閼氏（皇后）。

靈機一動，從閼氏身上想出一條計策。回去和劉邦一說，馬上得到允許。

陳平派一名使者帶著金銀珠寶和一幅畫祕訪閼氏。使者送上厚禮，又獻上那幅畫，上面畫的是一位嬌美無比的美女。使者聲稱那是要獻給匈奴王的中原美女。閼氏於是規勸匈奴王：即使奪得漢地，也不宜久居，且兩個君主也不宜互相敵對。

匈奴王經過反覆考慮，終於同意了夫人的意見。後來，雙方代表經過多次談判，達成了停戰協定。

女人的威力往往在出其不意的地方顯示出來。大將軍在人前八面威風，回到家裏，還是要聽老婆的。男人之所以要聽老婆的話，並沒有什麼原則可言，只是怕她吃醋、嘮叨、撒潑。一句話，怕她讓自己在人前人後丟面子。為此，拿男人的老婆「開刀」，叫他「後院起火」，確是一種很高明的厚黑手段。

6 千金小姐來當酒家女

漢代的大辭賦家司馬相如以一篇《子虛賦》，博得了海內文名，博雅之士，無不以結識他為榮。但司馬相如放任不羈，不拘禮教，一派浪蕩公子相。

這一年，司馬相如遊外回歸成都的路上，路過臨邛。臨邛縣令久仰司馬相如之名，恭請至縣衙。此事驚動了當地富豪卓王孫。他也想結識一下，以附庸風雅。但他擺脫不了商人的庸俗，實為請司馬相如，名義上卻是請縣令王吉，讓司馬相如作陪。司馬相如本就看不起這班無才暴富之人，壓根兒沒準備去赴宴。

到了約定日期，司馬相如卻沒有來。卓王孫急得如熱鍋上的螞蟻，王吉只好親自去請。司馬相如駁不過王吉的面子，來到卓府。卓王孫一見他的穿戴，心中很瞧不起。司馬相如全然不顧這些，大吃大嚼，只顧與王吉談笑。

忽然，內室傳來淒婉的琴聲。司馬相如一下子停止了說笑，傾耳細聽起來。原來這是卓王孫的女兒卓文君所奏。司馬相如於是彈了一曲《鳳求凰》，以表達對卓文君的愛意。卓文君也愛慕司馬相如的相貌和才華，當夜私奔到司馬相如的住處，以身相許。兩人一起逃回成都。卓王孫知道後，氣得暴跳如雷。

卓文君隨司馬相如回到成都後才知道，她的夫君雖然名聲在外，家中卻很貧寒。萬般無奈，他們只好返回臨邛，硬著頭皮，托人向卓王孫請求一些資助。不料，卓王孫破口大罵，一毛錢也不給。

夫婦倆心涼了半截。可是，這夫婦倆畢竟有才，很快想出了一記厚黑「絕招」。

第二天，司馬相如把自己僅有的車、馬、琴、劍及卓文君的首飾賣了一筆錢，在距卓府不遠的地方租了一間房子，開了一爿小酒鋪。司馬相如穿上夥計的衣服，捲起袖子和褲腿，像酒保一樣，又是擦桌椅，又是搬物件。卓文君則粗布衣裙，忙裏忙外，招待來客，當起了酒家女。酒店剛開張，就吸引了許多人前來目睹這兩位遠近聞名的落難夫婦。夫婦倆一點也不覺難堪，內心倒很高興，因為這正好達到他們的目的——給頑固不化的老爺子丟人現眼。

有幾個朋友勸卓王孫：「令媛既然願意嫁給司馬相如，就隨她去吧！再說，司馬相如畢竟還是縣令的朋友，現在雖然貧寒，憑他的才華，將來一定有出頭的日子。應該接濟他們一些錢財，何必與他們為難呢？」卓王孫萬般無奈，只好分給女兒、女婿僕人兩名，錢財百萬。司馬相如夫婦大喜，帶上僕人和錢財，回成都生活去了。

一九〇一年，小洛克菲勒代表父親與金融鉅子摩根談判關於梅薩比礦區的買賣交易。摩根是一個傲慢專橫的人，不願承認任何當代人物與他處於平等地位。看到年僅27歲的小洛克菲勒走進他的辦公室，他繼續和一位同事談話。直到有人通報後，他才對年輕的小洛克菲勒瞪著眼睛大聲說：「唔！你們要什麼價錢？」小洛克菲勒盯著他，禮貌地答道：「摩根先生，我看，這當中一定有些誤會。不是我到這裏來出售，相反，據我所知，是您想要買。」老摩根聽了這年輕人的話，頓時目瞪口呆。沈默片刻，他終於改變了聲調。最後，通過談判，他答應了小洛克菲勒想要的售價。

在這次交鋒中，小洛克菲勒就抓住了問題的關鍵：摩根急於買下梅薩比礦區，從而出其不意地直戳對方的要害，說明實質，又表現出對壘的勇氣和平等交往的尊嚴，使對方意識到自己應放下驕氣。交際進程由此邁入坦途。

有些高傲者往往身懷一技之長，自視清高，瞧不起不學無術之輩。相反，對於有真才實學，能力在他之上者，他會像遇到知音似的格外看重，給予禮遇。對於這種重才的傲者，想博得他的青睞，莫過於恰到好處地在他面前展示自己的才華，使他感到你不是等閒之輩。這樣，與他打交道就變得容易多了。

7 狐假虎威的效應

中國自古就有很多詭智謀略與借光相關，比如狐假虎威、攀龍附鳳、借刀殺人、拉大旗作虎皮等等。借助各種外力，提高自己的知名度和辦事效果，往往是一條必走的捷徑。

狐狸是很聰明的動物。但牠沒有力氣，個子矮小，因此處境不利。在森林中，狐狸得不到尊敬，沒有動物真正把牠放在眼裏。為了克服這一點，狐狸想與老虎結交。通過與力大無比，令人畏敬的老虎密切交往，牠就可以伴隨老虎左右，橫行叢林，享受到老虎所得的尊榮。即使老虎不在身邊，所有動物知道牠與老虎交往甚密，也足以保證牠在曠野中安穩地生存。

假如牠不能與老虎交朋友，那就得製造一個牠跟老虎密切交往的假象，小心翼翼地跟在老虎後邊，然後大吹大擂他們之間的篤深友誼。這樣做，他便能製造出一種印象：他的安危得到老虎極大的關注。

這種做法便是典型的借光。狐假虎威之謀，在世人眼中似乎不算奸詐之輩，只是狡猾之流。這種詭計與「狗仗人勢」、「挾天子以令諸侯」、「借刀殺人」很接近。

在現實生活中，「老虎」可能是一位強而有力、有權有勢的人，他與你抱有同樣的夢想，而且願意幫助你發展你的事業。與此相似，你是否注意到許許多多小鳥停在大水牛的背上，牠們吃掉水牛背上的蝨子和蚊子，讓水牛免遭虱蚊噬咬之苦，水牛則為牠們提供棲身之處和保護。

「老虎」也許是一個組織或協會，它的宗旨與你的一模一樣。通過跟它攜手合作，同心協力，你能夠製造出這樣一種印象：老虎就在你身旁。

「老虎」興許是你的一種政治關係。通過支持適當的候選人，你可以創造出一位枱面上的大人物。正因如此，生意人、富人常常慷慨解囊，捐出大筆大筆金錢給政界「老虎」。

「老虎」或許是你的職位或工作頭銜。孤家寡人總是勢單力薄。如果你為一個能夠呼風喚雨、有權有勢的雇主工作，你就不再僅僅是一位無能為力的孤家寡人了。在政府中服務的人大多深諳此道。當你代表一個州或聯邦政府出訪一個國家，你所受到的禮遇同你以一個平民之身赴國外旅行，所受到的待遇必然不同。通過與政府的關係，你使自己獲得了權力。

「老虎」也可能是你的才智，或是你的工作。假使理查・克萊德曼從來沒有彈過鋼琴，他永遠也不會成為我們今天所認識的理查．克萊德曼。通過精通這種樂器的本領，他成為舉世聞名的人物。由於同樣的原因，不管你從事哪種專業，你的工作都能成為你的「老虎」。

在現代社會，「狐假虎威」這種手段已被政治、經濟、文化以及外交等領域廣泛運用，而且大有日趨擴展之勢。對於人際交往，它不失為一種提高自身形象，擴大影響力的策略和技巧。如巧借名人，談話中常出現一些身分最高之人的名字，你在別人眼裏就不同尋常；巧借名地（場合），常去有地位、有身分的人常去的地方，也可以作為提高你的身分的資本；巧借名言，如請社會名流為你提個詞，請專家教授為你寫的書作個序，請明星為你簽個名，等等。

被社會承認，是人的正當追求，對社會進步也有積極意義。而借助名人提高個己的社會知名度，就包含於其中。一個有聲望的人即使寫了平淡的一個「字」給你，要比一千個普通人長篇大論給你的讚辭更有威力。

8 專揀高枝兒攀

許多商業廣告喜歡用名人而不惜重金，實際上也是借力使力。有頭有臉的人都喜歡用的東西，普通人心理上容易認同：「我和某某用的是同一個品牌。」同樣是消費，多一層攀龍附鳳的光環，自然有很多人願意借這個光。

美國一家公司所生產的天然花粉食品「保靈蜜」銷路不暢。經理絞盡腦汁：如何才能激起消費者對「保靈蜜」的需求熱情，使消費者相信「保靈蜜」對身體大有益處呢？廣告宣傳未必奏效，大家見得多了。

正當一籌莫展，公司負責公共關係的一位工作人員帶來喜訊：美國總統雷根長期吃此食品。原來，這位公關小姐很善於結交社會名流，常常從一些名流口裏得到一些極有價值的情報。這一次她從雷根的女兒口裏聽到了對企業十分有利的談話。據雷根的女兒說：「20多年來，我們家冰箱裏的花粉從未間斷，父親喜歡在每天下午4時吃一次天然花粉食品，長期如此。」後來，公司公關部的另一位工作人員又從雷根的助理那裏得來信息，雷根在健身方面的祕訣是：吃花粉、多運動、睡眠足。

這家公司在得到上述信息並徵得雷根的同意之後，馬上發動了一次全方位的宣傳攻勢，讓全美國都知道，美國歷史上年紀最大的總統之所以體格健壯，精力充沛，就是因為常服天然花粉的結果。於是「保靈蜜」一下子就風行了美國市場。

大部分人都有攀龍附鳳之心，希望有個聲名顯赫的朋友：一個偶像明星，或者什麼大人物。如果能躋身於他們的行列，自己便也會沾上了榮耀，當然在別人眼裏也就身價大增了。

有位阿拉伯人名叫艾布杜，本來窮困潦倒，身無分文，就是使用了這種手段，廣求於天下，不但求來許多名人作朋友，還為自己求來了百萬家財。

他致富的法寶說來簡單而有趣。他的簽名簿裏貼有許多世界名人的照片，再模仿名人的親筆記，簽寫在照片底下，然後帶著這幾本簽名簿尋機而動，登門造訪工商巨子和喜歡出風頭的富翁。

「我是因為十分仰慕您而千里迢迢從沙烏地阿拉伯前來拜訪。請您貼一張玉照在這本《世界名人錄》上，再請您簽上大名，我們會加上簡介。待它出版之後，我會立即寄贈一冊。」

這些人有的是錢，又喜歡擺闊，一想到能跟世界名人同列，莫不感到無限風光，為此，每個人都毫不吝惜地付給艾布杜一筆「贊助費」——一筆為數可觀的金錢。

每本簽名簿的出版成本不過幾十美元，富人所給的報酬卻往往超過上千美元。艾布杜整整花了六年，旅行幾十個國家，提供給他照片與簽名的富人共有二萬多人，給他的酬勞總計約達五百萬美元。

清政府的官場中歷來靠後臺，走後門，求人寫推薦信。軍機大臣左宗棠從來不給人寫推薦信。他說：「一個人只要有本事，自會有人用他。」

左宗棠有個知己好友的兒子，名叫黃蘭階，在福建候補知縣多年也沒候到實缺。他見別人都有大官寫推薦信，想到父親生前與左宗棠很要好，就跑到北京來找左宗棠。左宗棠見了故人之子，十分客氣。但黃蘭階一提出想求他寫推薦信給福建總督時，他登時變了臉，幾句話就將黃蘭階打發走了。

黃蘭階又氣又恨，離開左相府，就閑踱到琉璃廠看書畫散心。忽然，他見到一個小店老闆學寫左宗棠字體，十分逼真，心中一動，想出一條妙計。他讓店主寫了柄扇子，落了款，得意洋洋地搖回福州。

這天是參見總督的日子，黃蘭階手搖紙扇，徑直走到總督府堂上。總督見了，很奇怪，問道：「外面很熱嗎？都立秋了，老兄還拿扇子搖個不停。」

黃蘭階把扇子一晃：「不瞞大帥說，外邊天氣並不熱，只是這扇子是我此次進京，左宗棠大人親送的，所以捨不得放手。」

總督吃了一驚，心想：我以為這姓黃的沒有後臺，所以候補幾年也沒任命他實缺，不想他卻有這麼個大後臺。左宗棠天天跟皇上見面，他若恨我，只消在皇上面前說個一句半句，我可就吃不住了。他要過黃蘭階的扇子仔細察看，確係左宗棠的筆跡，一點不差。他將扇子還與黃蘭階，悶悶不樂地回到後堂，找到師爺商議此事。

第二天，就給黃蘭階掛牌任了知縣。不幾年就升到四品道台。

這位總督有一次進京，見了左宗棠，討好地說：「大人故友之子黃蘭階，如今已在敝省當了道台了。」

左宗棠笑道：「是嘛！那次他來找我，我就對他說：『只要有本事，自有識貨人。』老兄你就很懂得識人才嘛！」

黃蘭階能夠官拜道台，是以左宗棠這個大貴人為背景，讓總督這個小貴人給他升了官，實在是棋高一著的鬼點子。

單從借力的角度，確有必要為個己尋求一些貴人作為背景，從而使自己盡快得到提拔，英雄有用武之地。為此，首先，要找尋貴人。比如那些在層級組織中職位比你高且能幫助你晉升的人。有時你得費心分辨誰具有這種能力。你或許以為，你的晉升機率取決於頂頭上司對你的評語。但是，更高的管理層階可能不在乎他的推薦和好惡。所以，不要太膚淺，把眼光投得更遠些。

其次，要激勵貴人。不激勵貴人等於沒有貴人。值得注意的是：在層級組織裏，貴人幫助你往上晉升後他有什麼好處；如果他不幫你晉升，他又有什麼損失。

再次，要以退為進。康莊大道永遠是最好的途徑。假設你正置身於游泳池內，你努力地往高處的跳水板跳。可是，當你爬到半途，面前一位也想跳水的人擋住了你的去路。那人爬到一半便已失去勇氣，雙眼緊閉，死命地抓住欄杆，既不會掉下來，也不再向上爬，而你就是無法超越他。這時，站在跳水板上的朋友雖然拼命為你吶喊加油，結果還是無濟於事。

同樣地，在工作上的層級組織中，如果你的上一層職位被某一個不勝任者占住，那麼，你花再多力氣或你的貴人再有心提拔你，也都將徒勞無功。

為了到達跳水板頂端，你必須爬下那座被堵塞的階梯，橫越到另一側沒有障礙的階梯，然後再順利地爬上頂端。同樣地，在層級組織中，你必須離開擋路人那條升遷的管道，從另一個沒有阻礙的管道往上晉升。如果那人仍有資格獲得晉升，他便不算是擋路人，你也不必躲開他。只要稍加忍耐，多等些時日，待他獲得晉升，出現空缺，你的貴人便能立即提拔你。

此外，還要儘量多爭取幾位貴人。多位貴人共同提拔，可產生乘數效果——這些貴人在談話中，不斷地互相強化你的優點，因而使他們決心提拔你。假使你只有一個貴人，你便得不到這種強化的效果。所以，擁有多位貴人，更能獲得晉升的機會。

9 製造壓倒對手的氣勢

東漢時的廉範是戰國時趙國名將廉頗的後代，曾經做過雲中太守。當時正值匈奴大規模入侵，報警的烽火天天不斷。按照舊例，敵人來犯如超過五千人，就可以傳信給鄰郡。廉範手下的官吏想要傳布檄文，請求援助。廉範沒有同意，而是親自率領僅有的少數部隊前往邊境，抵禦來犯的匈奴騎兵。

匈奴人多勢眾，廉範的兵力比不過。正巧日落西山，廉範命令戰士們每人將兩根火炬交叉捆在一起，點燃其中三個頭，另一頭拿在手上，分散在營地周圍列隊，頓時火點如同滿天繁星，很是壯觀。匈奴軍隊遠遠望見漢軍營地擴大，火燭甚多，以為來了許多援軍，大為驚恐。

廉範對部下說：「現在我們趁著黑夜用火突襲匈奴，使他們不瞭解我們究竟有多少人。這樣肯定能嚇得他們魂飛膽喪，可以趁機把他們全部殲滅！」

清晨敵人想要撤退之際，廉範命令部隊早起吃了飯，然後直奔匈奴營地，正趕上刮起大風。廉範命令十幾人拿著戰鼓，埋伏在匈奴營房後面，約定一見大火燃燒，就一邊擊鼓，一邊呼叫。其他人都拿著兵器和弓箭，埋伏在敵營大門兩邊。廉範尋機順風防火，前後埋伏的人擊鼓的擊鼓，吶喊的吶喊。匈奴軍隊猝不及防，亂作一團，慌亂中自相踐踏，死亡上千。漢軍又趁勢追殺數百名。

從此以後，匈奴再也不敢侵犯雲中了。

恐嚇的前提之一，便是氣勢洶洶的樣子要裝得像模像樣。只有在對方產生了怯意之後，才能將他唬住。一個膽小自卑的人無法使用恐嚇，弄不好還會害了自己。以小充大、以弱充強，說到底是勇氣的較量和意志的搏鬥。

處於弱勢時，要找出對手的弱點，先在心理上將他打倒。

在感到對方的威嚇時，就找出他可笑的地方。當你想著他的可笑之處，壓迫感、膽怯就會消失。假如在你目所能及的範圍內挑不出對手的毛病，那就想像一下他在其它合場的卑微，也能把他從權威或力量的寶座上硬拉下來。

比如，小公司裏為所欲為的經理老大，到了大公司的董事會上，只能是一個小角色罷了；回到家，他也可能是個在太座面前抬不起頭來的懼內先生；在兒童樂園、遊樂場合，又可能是一個被孩子欺負而無還手之力的父親。

假如只看見對手的優點，往往容易懼怕，從而產生難以應付的意識。反之，只要想到對方和我們一樣，不過是一個人，再想像一下他的卑微與毛病，你就不會再膽怯或自卑了。

一、盡可能大聲說話，武裝自己的心理，製造壓倒對手的氣勢。

宏大而響亮的聲音，可以帶給對手你很有信心的印象，自己也能藉此當真產生堅強的信心，進而獲得意料不到的效果。在辯論或爭吵中，有人會不由自主地提高自己的聲音，以期蓋過對手，就是這個道理。

不管東方或西方，古代戰場上敵我雙方對壘時，都會擂起戰鼓。鼓聲愈高，士氣就越旺盛，士兵的鬥志越強。一次，魯國與齊國打仗，就先讓齊國擂鼓。開始時，鼓聲驚天動地，齊軍士氣高昂。魯軍按兵不動。漸漸地，齊軍戰鼓聲越來越小，士氣也就漸漸低下去。這時魯軍才開始猛擂戰鼓，一鼓作氣，將齊軍打敗。人們夜裏走過墓地，大聲地吹口哨，為的也是壯膽。他很可能就這樣克服了夜行墓地的恐懼，因為他「吹起了」自己的勇氣。

表現勇敢則勇氣來，往後退縮則恐懼來。你的聲音就是你天生的武器，只要你表現出勇氣十足，你的勇氣就來了。

二、用你的眼睛盯視對手的某一身體部位，帶給他壓迫感。

比如戀愛中鬧矛盾時，為了證明自己觀點正確，用言語已無法奏效時，明智的人就會改用雙眼集中於對方的手或眼睛，讓自己的惱怒和要求通過這種注視傳達給對方，「此時無聲勝有聲」。這樣可以給對方一種心理上的壓迫感，並可避免語言衝突時雙方不冷靜、易衝動的心理狀態。

在任何競爭中，這種「一點突破」的戰術都頗為有效。所謂「一點突破」，就是聚集全力，朝對手最弱的部位猛力攻擊。

三、在對話中，你的眼睛不妨直視對手身體的某一部位。

這樣不但不致受到對方製造出來的壓迫感的威脅，還能令他不得不轉移注意力於被盯視的那個部位。換句話說，你的視線不僅可使對方的態度失去平衡，並能分散他的意識。此外，你也能造成一種迫使他心慌意亂的局面，藉此收到處境轉化的效果。

四、與對手相持中，身體要擺好架勢，震攝對方。

在雙方對壘時，人的形體動作也是增強信心的一種武器。一隻小麻雀從樹上掉下，飛不動了。獵狗看見，立刻跑過去。這時，一隻老麻雀從樹上飛下，擋住了小麻雀，並衝著獵狗張開全身的羽毛，惡狠狠地盯著獵狗。獵狗竟然呆住了。麻雀其實也是在本能中利用自己的羽毛、動作、眼光這一切天生的武器向獵狗示威，驅除了自己的恐懼。

五、佔據背光位置，可產生威脅效果。

站在反光的位置，不但可給予對手目眩的物理效果，也能產生各種不同的心理影響。首先，在場上站立的形象，正如同攝影一樣，讓對方無法認清你的表情。反之，對方的形象卻被陽光照遍了各個角落，暴露了身體的每一部位。僅憑這一點，就可使勁敵惶恐不安。何況，置光於後的形象，也能與光融為一體，使對方產生你比實物更大的印象。這樣，在對方似乎更為強大時，利用光線的效果，就能從心理上戰勝他，確保優越的地位。

10 用心理高壓，讓他露真相

元朝時，寧海主丞胡汲仲某次出去巡視，見到一群老婦聚在一座庵子裏誦經。見到主丞，有一個婦人投訴說，她丟失了一件衣服，不知被誦經的婦女中哪一個所偷。胡汲仲叫人拿來一些麥子，讓所有在場誦經的婦女每人手心放上幾粒麥子，然後合掌繞著佛像走圈，口裏要照舊念經。他閉上眼睛，端坐在一邊，說：「我命令神明做法，如果是偷衣人，繞佛走了幾圈以後，手心的麥子應當會發芽。」眾婦女合掌繞佛而行，口中依舊念經。其中一個婦人幾次打開手掌，偷看手心中的小麥粒。胡汲仲立即命人把她捆起來。經過審問，這婦人果然是偷衣婦。

另有一個類似的故事：宋代劉宰在泰興當縣令時，有一個大富翁的妻子丟了一根金錠。當時只有兩個女僕在場。把兩個女僕送到縣衙，她們都大喊冤枉。劉宰命令她們各拿一根蘆葦杆，說：「不是盜金的人，蘆葦不會長；偷了金錠的，手中的蘆葦會比現在長兩寸。」第二天去看那兩個女僕手中的蘆葦杆，一根與原來的一樣長，另一根已被折掉兩寸。他立即命令衙役把那個折掉蘆葦杆的女僕抓起來審訊。最終，作賊心虛她果真供認不諱了。

平心而論，偷東西並有心抵賴的人一般並非愚不可及。他們之所以被詐得原形畢露，是因為在高度的精神壓力下亂了方寸，不由自主地喪失了理智和冷靜，自以為聰明卻反被聰明誤，而幹出了傻事。

面試中，為了在有限的時間內正確地掌握應徵者的情況，瞭解他們的人品和對事物的看法，主試者會使用各種深層的心理技巧。其中一招叫「壓迫性面試法」，就是想盡辦法提出令應徵者覺得不愉快的問題，使他處於孤立狀態，或逼他做二者擇一的決斷。總之，就是「欺負」對方，使他感覺到已陷入危機之中，再觀察他的反應。

通常，人一旦處於危機狀態，就會呈現出赤裸裸的自我，掩飾外表的理智也會喪失，不知不覺中即會吐露出真心話。

一個外國電視節目邀請了一百個國會議員上電視，試圖探查他們的心理活動。他們坐進只有正面能看到外界的小小隔離間中，戴著耳機，陷入既看不見其他人的面孔，又聽不到發問者以外之聲音的「危機狀態」。當時，這些議員的表情真值得一看。有些人甚至露出平常絕對呈現不出的兇惡模樣，氣憤地拂袖而去。

如果你想瞭解初次見面的人說的是不是真心話，他對當時的話題具有各種程度的關心，不妨利用「壓迫性面試」的方法，故意反駁他的意見。不過，探查對手的真心話固然重要，如果缺乏技巧，觸努了他，反而得不償失。倘若你認為和對方斷絕來往也無所謂，或者自信能平息他的怒氣，恢復和諧的關係，那自然另當別論。否則，還是慎重為妙。

類似的方法的還有：在談判中向對手提出苛刻的條件，以探查他的真實心理。

當今社會，人的意識中，最大的壓力來自法律的威懾。

現實生活中，人與人之間一旦發生激烈的矛盾衝突，當事人在衝動之下，很可能幹出蠢事。每當這種時候，同事、親人、上司必然會出面規勸，幫助他們恢復理智。能夠增強勸導語言之力度的方法很多，其中有一種很值得我們特別注意：那就是運用法律的威力，喚起當事人的法律意識，使他約束自己的言行，最終達到說服的目的。

11 說得越少，越能引起人的好奇心

物以稀為貴。語言、文字也一樣。你說得越少，越能引人好奇。而且，正因為說得少，想像及闡釋的空間就很大，萬一必須強詞奪理，也容易自圓其說。

《老子》一書只有區區五千多字，幾千年來，拿它當主題的論述卻何止千萬語？見山見水、見仁見智，談政治的、談經濟的、談宗教的、談哲學的，都能從中引申出一大篇道理。

常看恐怖片的朋友，一定會有這樣的體驗：最令人毛骨悚然的場景，往往是那些落一根針都能聽見的寂靜狀態。這個道理在恐嚇中也頗為靈驗。

對某些氣勢洶洶來找碴的人，你不動聲色，不理不睬，反倒可以產生比以硬對硬更大的震懾力。

有些商人不惜重金購買雙B轎車，以暗示自己的財力。真正有錢的大老闆則言談低調，更令人莫測高深，敬畏有加。這正是低聲及無聲所產生的震懾力。

軍事上的空城計便是以寂靜製造恐懼，才得以實現。除了諸葛亮，還有一個空城計是由趙子龍導演的。

魏將夏侯淵在定軍山兵敗後，曹操親自率軍去奪漢中。蜀將趙雲隨黃忠去奪取曹營軍糧，正好碰上曹軍開出軍營。趙雲正和曹軍前鋒交戰，曹操大軍隨後便迎了上來。趙雲一看形勢危急，立刻抽鞭策馬，向前衝擊曹軍陣地，奮力廝殺，且邊戰邊退。趙雲所向披靡，戰無不勝，曹軍被打得人仰馬翻，落花流水。

不久，被打得人馬四散的曹軍又漸漸合攏，追了上來，一直追到趙雲的營地。這天，沔陽縣令張翼正好也在趙雲軍中，看到這種情勢，膽戰心驚，建議關閉營門監守。趙雲卻下令大開營門，放倒旗幟，停止擂鼓，頓時如同空營，靜寂無聲。曹操在趙雲營前觀望許久，懷疑營中有伏，徘徊了一陣，便下令撤退。

曹軍剛一轉身，趙雲便命令士兵把鼓敲得震天響，只用弓箭在後面射殺。頓時，利箭連發，曹軍以為真有伏兵從營中殺出，亂成一片，四散逃竄，自相踐踏，跌入漢水淹死者很多。第二天，劉備來到趙雲的營地，讚嘆道：「趙子龍一身都是膽啊！」從此，劉備軍車就稱呼趙雲為「虎威將軍」。

敢冒風險以恐嚇敵人，沒有渾身的膽子，沒有操縱人心的高超技藝，沒有對敵手心理的洞察，反可能弄巧成拙。

12 全身而退是最高境界

虛張聲勢可分兩種：一種是遇到他人急難時不去安慰，反而故意作勢恐嚇，使之心生畏懼。另一種是為了貪圖利益而虛張聲勢，使別人怕我，而達到自己的目的。

運用虛張聲勢這招厚黑謀略，既可得財，也可退兵。

「丞相祠堂何處尋，錦官城外柏森森；映階碧草自春色，隔葉黃鸝空好音。三顧頻煩天下計，兩朝開濟老臣心；出師未捷身先死，長使英雄淚滿襟。」

這首膾炙人口的七言律詩是唐代詩人杜甫為歌頌諸葛亮而作。詩中的「出師未捷身先死」，指的是諸葛亮第六次北伐中原，因積勞成寂，星隕五丈原的不幸事件。

諸葛亮的一生，從提出隆中對開始，到來後為兩代帝王「入相出將」，真可謂波瀾壯闊。但是，他那「恢復漢室」，一統中原的政治主張卻未能實現。

因此，後人在評述諸葛亮的成敗得失時，褒的很多，貶的也不少。有人甚至說他是位「常敗將軍」。最有力的論據，莫過於他六出祁山，六戰六敗，最後一次更在兩軍對陣時出師未捷身先死。

不過，說諸葛亮是「常敗將軍」，未免過於偏頗。六出祁山，雖然都沒有達到原定的目標，可魏軍也未能從中得到任何便宜。從當時總的形勢看，魏強蜀弱，弱小的蜀軍能頻頻東進，強大的魏軍卻從不敢西圖，這不能不說是諸葛亮智慧的成功。諸葛亮有一句名言叫「善敗者不亡」。古漢語中，「亡」有逃跑的意思，所以這句話既可以理解為「善於失敗的軍隊不會在失敗中逃跑」，也可以理解為「善於失敗的軍隊不會徹底覆亡」。不管是哪種意思，諸葛亮都在其軍事實踐中做到了。

六出祁山，都以失敗告終。但每次失敗之後，他都策劃了出色的撤退。蜀軍不僅沒有在退卻中遭到損失，而且每次都給追擊之敵施以不同程度的打擊。這是前無古人、後無來者的奇蹟，不僅在中國軍事史上，在世界軍事史上都別無它例。所以，諸葛亮是一個名副其實的「善敗將軍」、退卻專家。

諸葛亮最精彩、最引人入勝的撤退是在他死後進行。蜀軍六出祁山，與魏軍相恃百餘日。諸葛亮事必躬親，積勞成疾，以致病死軍中。臨終前，為了保護蜀軍能在自己死後安然撤退，他做了一番周密的安排。羅貫中對此做了一段出神入化的描寫。

司馬懿聽說諸葛亮已死，心中大喜；但又深恐這是蜀國的詭計，仍然躲在堅營中不敢出戰。後來又聽說蜀軍正一營一營地緩緩而退，斷定諸葛亮真的死了，這才領兵迅速追來。

司馬懿令兒子司馬師、司馬昭在後催軍，自己領先鋒部隊追到山腳之下，遠遠望見蜀軍後衛的蹤影，便督促部下加快追擊。忽然，隨著山後一聲炮響，四面殺聲大作。只見蜀兵一個個揮旗擊鼓，樹影婆娑中飄出一面中原大旗，上面寫著一行大字：「漢丞相武鄉侯諸葛」。司馬懿大驚失色，定睛細看，只見中原數十員大將擁出一輛四輪車來，諸葛亮端坐車上，頭戴綸巾，腰束皂色絛帶，手中輕搖鵝毛扇，一副勝券在握的悠閒姿態。

司馬懿失聲驚呼：「諸葛亮還活著！我中了他的計了！」於是，掉轉馬頭向後飛奔。背後蜀將姜維大聲喝道：「賊將逃不了啦！你們中了我丞相的圈套了！」魏軍官兵魂飛天外，一個個丟盔棄甲，拋下刀戈，爭相逃命，自相踐踏致死者難以計數。

這樣，諸葛亮死後，不僅用計保證了蜀軍順利撤離戰場，還使追擊的魏軍損兵折將，把個司馬懿嚇得半死。如此成功的退卻，真是令人拍案叫絕。

ch.6
高手會利用本身的不足

1 露一醜，遮百醜

「醜小鴨」不一定非得變成白天鵝，如果成為「醜明星」，同樣可以讓人喜愛。主動露醜，可使短處變成長處，甚至可以誘敵上當，以「醜」制勝。

露一醜，遮百醜。主動露出一個醜處，可以讓人忽略其餘更多的醜處。算命先生給人算命也一樣。他不會說你「百事如意」，而會說：「有一件不太順的事！不過，總有辦法排除……」等等。這樣一來，你會覺得比較可信，「是呀！人都免不了小災小難嘛！」至於其餘的順心事，也樂於接受了。

「不識廬山真面目，只緣身在此山中。」照此意推論，一個人恐怕很難看到自己的缺點與不足。因此，為何不主動暴露自己的「廬山真面目」，讓別人瞭解一下——真實的我？

其實，讓人家看到自己的缺點或弱點，人家才會覺得你真實可信，不存虛假，從而產生親切感。反之，如果人們不瞭解你的真實個性，即沒有看到一個包含缺點與弱點的你，反而會對你放心不下，從而產生戒備和警惕，不敢親近你。現實生活中，那些直率、坦白、灑脫而不拘謹的人之所以往往大受歡迎，之所以明多友眾，大概就是這個道理吧！因此，那些常常為自己暴露了缺點和弱點而憂心忡忡的朋友，大可放寬心，切莫懊惱。

然而，善不善於暴露自己的缺點或弱點，又是另一碼事。暴露得恰當是好事，是對自己「本來面目」的完善、修飾與美化；而暴露得不好，出了格，那就是丟人現眼了，於自己交人處世大為不利。因此，要露「廬山真面目」，還得講究點藝術。

對偶發性的缺點，應立即承認並糾正。偶發性缺點多半是因一時不慎和平時修養不夠而出現。萬一出現此類問題，不必驚慌，立即老老實實地承認便是，切不要硬拗、掩飾或辯解。

某小姐主持一次知識競賽，不慎將李白的「天生我材必有用」說成是杜甫的詩。頓時臺下大笑。此時，這位小姐毫不慌張，立即微笑著承認和糾正：「由於本人文化修養不夠，剛才誤把李白的詩句說成杜甫的。大家的笑聲是對我的善意批評和友好的愛護。謝謝大家！」臺下響起一陣掌聲。這掌聲難道不是對她坦誠態度的獎賞？

對長久性的缺點，應坦然而不掩飾或做作。有些錯誤和缺點不是一下子就能改得掉，這一般是人在生活中所形成的性格的消極面。就算是生理方面的缺陷，也非主觀所能為。對此，切不可像阿Q那樣，總是忌諱別人說他的「禿頭」，甚至連別人說起

「光」字，也敏感得不得了。其實，承認自己的不足，就是不自欺，是憑實力正確評價自己的表現。要是有意識地隱瞞、掩飾或忌諱自己的缺點，必然使自己變得粗野、傲慢和不可一世。人一旦擺脫了這一性格，內心反倒能坦然踏實，自己的長處也就突顯出來了。生活中長期形成的缺點自然地暴露了並不可怕，切切不要掩飾。一掩飾，反顯虛偽，更讓人討論。

別人點破的缺點，要虛心傾聽，樂於接受。出於善意的關心和真心的愛護，有時友人會直接或間接地指出你自己尚未意識到的缺點或弱點。此時，別難為情，更不能因一時面子上掛不住而生氣。維護自己的缺點是軟弱的表現。應當虛心傾聽人家的話，讓人家把話講完。如果對方講的是事實，有道理，就立即接受，表示感謝，同時表明下決心改正。如果他講的不是事實，可適當地解釋一番，肯定人家的動機是好的，切不可爭辯甚至於老羞成怒而發火。

必要時有意地說出自己的缺點，不僅不會削弱他人對自己的信賴感，反會增強他們對自己的信任。在一定條件下，缺點還可能轉化為優點。

「最大的錯誤，就是不自覺自己犯了什麼錯。」金無足赤，人無完人。敢於露出「廬山真面目」方為上策。承認自己的缺點和過錯，會增進自我瞭解，改善缺失，進而使人產生自信心。有時候，我們要等到自己看見並接受自己所犯的錯，才能真正認識我們的能力。冒險承認錯誤，其實是很安全的一件事。因為我們借助於承認錯誤而表現得更人性，使別人對我們的看法亦更具人性，這樣他們的批評也就會少些。如果頑固地不承認過失，便是將厚黑之韌性用錯了地方。此即謂「固執而不能擇善」，是一個大缺點。

美國總統尼克森在水門事件中的表現，充分表現了他固執而不能擇善的個性，硬要掩飾水門醜聞的內幕，結果欲蓋彌彰，反致破綻百出，最後全國民眾及國會議員都認為他說謊欺騙了他們，此時就是想支持他，也感無能為力了。事情爆發之初，如果尼克森馬上開誠布公地公布真相，很可能美國人民不會為了這件事逼他下臺，因為美國歷任總統幾乎都曾幹過這種事。

2 善於發揮自己的短處

一個五音不全的男士，竟以唱歌大受歡迎。每逢大家聚會，他必然會被眾多掌聲請上臺。他無法拒絕大家的熱情，只好帶著一臉笑容上台，並且每次都唱同一首歌。

這個人很聰明，每當人家要求他唱歌時，他總會巧妙地利用自己的五音不全，唱起別具特色的歌曲。不可思議的是，只要他一唱歌，其他美妙的旋律都因而失色。

大家要求他唱歌時，一定會很整齊地為他伴唱。

他總是那麼認真，正正經經地唱著那首一成不變的歌。不管走到哪裡，都是這一首。他既不害羞，也不恐懼，總是以他那認真的表情唱下去。

聽他唱歌的人，每次都笑彎了腰，眼中卻流出感動的眼淚，無法停止。

大家的笑聲中沒有一絲輕蔑，因為個性溫和的他緩和了會場中稍嫌僵硬的氣氛。他不像一些自以為很會唱歌的人那樣，在臺上炫耀自己的優點。相反，他是以另一種風格為大家製造歡樂。聽了他的歌以後，讓人覺得血液暢通，神清氣爽。這「五音不全」的魅力還真大呢！

和唱歌一樣，人們做事時或自身的條件，一般總會有這樣那樣的不足。只要善於發揮自己的缺點，它便會成為特點。所謂「醜星」，就是因為自成一派的「醜」而被人記住、喜愛。總之，有點小缺陷，不必自卑，拿出勇氣自然處之，便會變弱為強，受到大家的喜歡。比如，有的人因說話不標準而有些自卑。其實，在言談中保留家鄉話的人情味，並輕鬆地融入普通話，擷取兩種語言的優點，是很理想的方法。

傳統觀念中很忌諱「家醜外揚」。在商品經營中更是如此。「王婆賣瓜，自賣自誇。」絕大部分經營者都是廣泛宣傳自己的產品如何如何好。久而久之，人們對此便感到厭煩，以致出現懷疑和不信任。「家醜外揚」則恰恰相反。經營者設身處地，站在消費者的立場，披露產品存在的問題，以誠待客，以心換心，反可在人們心目中樹立誠實的企業形象，以此換來顧客對產品的信任和青睞，擴大市場佔有率。

在這個資訊泛濫的社會，想說服人，不能再用「全國第一」和「譽滿全球」這些老舊的廣告詞誇口了。無論你如何大聲疾呼，別人都不會再回頭看一眼。

近來的宣傳廣告似乎已經考慮到用露醜製造幽默感和趣味性打動人心。有一家汽車公司，宣稱能製造出「全世界最優秀的汽車」，他們推出的一個廣告是這樣的：

「整張照片的焦點集中到駕駛座。底下有一行文字，寫著：「抱歉，在汽車行駛中，還可以聽到時鐘的滴答聲。」

表面上看來，這是發表道歉聲明。事實上，是在誇耀他們的汽車跑起來完全沒有引擎聲音，非常平穩安靜。

「醜」能在廣告中「露臉」，是因為它能抓住消費者追求新鮮的「逆反心理」。

美國有一家公司的董事長有一次在郊外散步，不經意地看到幾個小孩在玩一隻骯髒且異常醜陋的昆蟲，愛不釋手。他頓時聯想到：市面上銷售的玩具一般都是形象優美的，假若生產一些醜玩具，又將如何？於是，他要自己的公司研究一套「醜陋玩具」，迅速向市場推出。

這一炮果然打響，「醜陋玩具」給公司帶來了收益，使同行羨慕不已。於是，「醜陋玩具」接踵而來。如「瘋球」就是在一串小球上面印上許多醜陋不堪的面孔；橡皮做的「魯夫」長著橘黃色的頭髮、綠色的皮膚和一雙鼓脹而帶血絲的眼睛，眨眼時又會發出非常難聽的聲音。這些醜陋玩具的售價超過正常玩具，但一直暢銷不衰，而且在美國掀起了行銷「醜陋玩具」的熱潮。在這則事例中，我們還能看到人們對於醜陋事物懷著悲天憐人的情懷呢！

3 不要過於狂妄

早在先秦時代，便有一些思想家指出：「君子之澤，五世而斬。」權勢之家的恩寵，最多經歷五代也就中斷了。回顧一下西漢的衛青、霍去病、霍光家族，東漢的竇氏家族、梁氏家族，唐朝的武氏家族、楊氏家族，直至明清的嚴嵩、和珅等，概莫能外。看來，這是一條歷史規律。

權勢是一種毒劑，人一旦迷戀上它，便會像吸食嗎啡一樣中毒。這種中毒現象表現在兩個方面：一是對權勢更加貪得無厭，最後必然發展成政治野心；一是對感官享受永無止境地奢求，最後必然導致貪贓枉法。

權勢又是一把雙刃劍，它會無情地刺向一切阻礙它發展的人，無論是對手或朋友，直至掌握最高權力的人。這樣，追逐權勢的人，隨著權勢的日益擴張，劣跡便日益昭彰，自身的抵抗能力也日益衰弱；同時，他已到處為自己樹立了強大的對手，甚至包括握有最高權力的人。這樣一來，他除了敗亡，還會有其它結局嗎？

鄧艾是三國時期魏國人。他原是一個給人放牛為生的孤兒，又因為口吃，總也沒能謀上個什麼差使。後來，由於一次然的機會。他遇見了司馬懿。司馬懿發現他並非尋常之輩，便委以官職。從此，他躋身於魏國軍界、官場。由於他具有出色的軍事指揮能力，屢建功，官職一再升遷，從一個下級軍官，最後封侯拜將，成為魏國後期最出色的將領之一。

公元二六三年，鄧艾奉命率師征蜀。蜀道之難，難於上青天。他不畏艱險，一一克服。在穿行七百里無人地帶時，沿途盡是不見頂的高山，不可測的深谷，糧食又已用盡，軍隊幾乎陷入絕境。鄧艾身先士卒，親自行前探路。有的地方根本無路可走，他便用毯子裹身，從險峻的山崖上滾下。就這樣，歷盡險阻，走奇道，出奇兵，出其不意地包圍了蜀國京城成都，迫使蜀國後主劉禪投降，劉備所開創的蜀國至此滅亡。

由於建立了如此不世的殊勳，朝廷下詔大大褒獎了鄧艾，授他太尉高銜，賜他兩萬戶的封賞，隨他出征的將官也都加官晉級。鄧艾因此居功自傲，揚揚得意地對部下說：「你們要不是因為我鄧艾，怎會有今天！」又對蜀中人士說：「要不是遇到我鄧艾，你們恐怕早就沒有性命了。」接著，他向朝廷中執掌大權的司馬昭提出了他對下一步行動的安排；雖然現在是乘勝攻吳的好時機，但士兵太疲勞了，可留在蜀中修整，並修造船隻，做攻吳的準備；以優厚的待遇對待劉禪，封他為扶風王，其子也封為公侯，原有的部下盡賞以錢財，藉此表示對投降國君的優寵，以誘使還沒有投降的吳國皇帝。

這樣的事，只有朝廷有權決定。因此，司馬昭未置可否，只是派人告訴他：「凡事應當上報朝廷，自己不得作主。」

鄧艾不聽，依然堅持己見，並當眾宣言：「我受命出征，既然已經取得滅國虜帝這樣重大的勝利，安排善後的事，穩定新降之國的局勢，應該由我相機處理。蜀國的地理形勢十分重要，應當迅速安定下來。如果什麼事都等待朝廷的命令，路途遙遠，必然延誤時機。古人說：『大臣離開國境之後，凡是有利於國家之事，有權自己作主。』現在是非常時期，不可按常規辦事，以致失去良機。兵法上說：『優秀的將領，進攻不是為了追求個人的好名聲，退卻也不害怕承擔罪責。』我雖然還達不到這樣高的標準，卻也不願為了避嫌而損害國家的利益！」

這番話自然沒什麼錯。但是，對一個手握重兵且遠離國土的人來說，這種話不能不令人心生疑竇。與他一同出兵的鍾會對他的大功本就十分妒忌，便以此為把柄，誣告他有謀反之心。司馬昭也擔心他功高權大，難以控制，於是一道詔書下來，將鄧艾父子用囚車押送京師。中途被仇家所殺。可憐耿耿忠心，七十高齡的鄧艾怎麼也不會想到，他建立殊勳之日，也正是滅亡之時。

一個大臣恩寵正隆時，處理人際關係，常常表現為三種形式：對君上越發恭敬，以保其寵；對同僚排斥傾軋，以防爭寵；對下屬盛氣凌人，以顯其寵。這是很不智的做法。這樣一來，勢必樹敵太多，使自己陷於孤立。這種人又常常只是將職位相同、權勢相當的人視作對手，小心加以防範，對職位比自己的低的人則不大放在眼裏。

如唐代曾三次為相的張說就曾經說道：「鼠輩，何能為！」這種心態更是缺乏遠見。殊不知：「過河卒子頂大車。」下屬造起反來，往往最能擊中要害。金無足赤，人無完人。任何一位權勢者都有自己薄弱的環節，切不可因一時的恩寵而忘乎所以。

官場中的人「韜晦」，是人周旋於官場之中，身游離於是非之外，彷彿彈火紛飛之戰場上的堡壘和掩體。它不是一種生存方式，而是一種生存的厚黑藝術，完全符合戰爭的要義：第一，保護自己；第二，消滅敵人。它在官場上的表現方式百態紛呈，因人因時而異。置身於官場中的人，應該懂得點辯證法，眼光長遠。「極盛而衰」、「恃寵而驕」的人，遭禍的原因便是不具備這兩種能力。

4 該放棄的就要放棄

「禍兮福之所倚，福兮禍之所伏。」老子的這兩句話，官場中人應該立之為座名銘。當你權勢正隆，千萬不要以為那是絕對不可動搖、永遠不會衰敗的。要清醒地認識到，在那火烹油般的鼎盛之中已預伏了危機，已埋下了禍根。歷代官場的許多智者正是因為認識到這種禍福相倚的關係，預作安排，從而避免禍。

他們的做法是：

一、不貪。不要以為官職越多越好，頭銜越高越榮。多了一個官職，增高一級頭銜，固然在身上增添了一道光環，卻也同時套上了一道繩索。要適可而止，量力而行，該推就推，該避就避，該讓就讓。

二、不戀。預見到可能出現危機時，千萬不要戀棧，捨不得那錦繡繁華之夢、富貴溫柔之鄉，要急流勇退，及早抽身。

范蠡是春秋後期越王勾踐的輔臣。在勾敗於吳王之後，他竭心盡力，輔佐勾踐，教勾踐以韜晦之術，親隨勾踐到吳國作人質。當時吳王夫差曾親自向他策反：「我聽說，聰明的婦人不嫁給破亡的家庭，出色的賢人不出仕滅絕的國家。現在勾踐無道，國家即將滅亡，你們君臣都成了我的奴僕，囚禁在石室之中，這不是太鄙賤了嗎？我想要赦免你的罪。只要你能改過自新，棄越歸吳，我一定重用你，使你脫離憂患而取富貴。你看怎麼樣？」

當時勾踐嚇得伏地哭泣，唯恐范蠡投靠吳國。范蠡卻不卑不亢地說：「我也聽說，亡國之臣，沒有資格談論政事；戰敗的將軍，不配再談什麼勇敢。我在越國時，未能輔佐越王多行善事，以致得罪了大王。幸而大王沒有加罪，使我君臣性命得以安全，有幸侍奉大王，我已很知足了，哪還敢奢望什麼富貴？」

就這樣，他一直陪著勾踐在吳國做了好幾年人質。後來回到越國，他修船造箭，訓練士卒。經過十年生聚，十年教訓，越國終於強大起來，出兵擊敗了吳國，迫使吳王夫差自殺。

范蠡可說是越國重建的第一大功臣。可勝利之後，他發現：越王有猜忌臣下之心。於是他找了個藉口，對越王說：「我聽說：『主辱臣死。』從前大王受辱，臣之所以不死，是想忍辱負重，以完成復仇大業。現在吳國已滅，大王如果肯原諒我當年忍辱偷生的罪過，請允許我這把老骨頭退居江湖。」

勾踐頗覺意外，立即嚴辭拒絕：「由於你的輔佐，我才有今天。我正想報答你，你怎麼倒要棄我而去？你如果留下來，我與你共享榮華富貴；你如果走了，我就殺掉你的妻子兒女！」

范蠡說：「處死我倒是罪有應得，我的妻子兒女有什麼罪過？不過，生死聽憑大王，我也顧不了那麼多了！」

當夜，他便駕了一葉扁舟，涉三江，經五湖入海，來到了齊國，隱姓改名，隱居於陶山，自號陶朱公，做起了販賣牛羊的生意，不幾年便獲利千金，成為我國歷史上第一名富商大賈。

范蠡的引退，出於他對勾踐政治品德的清楚認識。他在離開越國前夕，曾致信另一名大功臣文種，指出：越王為人，忍辱是功，可與共患難，不可與共安樂。於今不去，禍必不免。」他還說了那句著名的話：「狡兔死，走狗烹；高鳥盡，良弓藏；敵國破，謀臣亡。」文種沒有聽他的勸，最後果然被殺。

「可與共患難，不可與共安樂。」這句話概括了許多開國之君的政治品質。這些人，在奪取江山的艱難歲月，表現得那樣禮賢下士，求才若渴，豁達大度。那些能臣大將立了大功，他們就傳令嘉獎，賜詩褒揚，封官許願，那親密勁，不似君臣，分明是兄弟一般。其實，就在此時，他們心中已暗暗記下一筆筆賬：什麼時候不聽我的指揮，什麼時候在背後議論過我，什麼時候跟我的對手有過交往……他雖然十分忌恨，卻不好發作，因為他還需要這些人為他效力賣命。一旦大業告成，江山坐穩，他遲早便會換一副面孔，來個秋後算賬，那些出生入死的功勳完全被拋在一邊，而將當年的隱恨爆了出來，彷彿那些能臣武將從來就是在反對他。這一點，我們從勾踐對文種、劉邦對韓信等功臣的態度上，看得最為明顯。

奇怪的是，范蠡既知勾踐其人只可共患難，不可共安樂，又何必同他共患難？早一點去經商，不是能發更大的財嗎？

張良是劉邦的心腹謀臣，在楚漢相爭的一些關鍵時刻，正是他的奇謀妙策，使劉邦一次次轉危為安，反敗為勝。對於西漢的建立，他立下了不可磨滅的功勳。當劉邦大封功臣時，親自提議封他三萬戶，讓他在豐饒的齊地自行選擇所需的封地。這相當於一個王爵的封賞。張良卻婉謝了，只要了劉邦故鄉附近一個小小的留縣。他最初和劉邦便是相會於此。待天下大勢已定，劉邦坐穩了江山，他又稱病不朝，閉門謝客，學起道家那套辟穀導引之術，並宣稱自己「以三寸之舌為帝王之師，封萬戶侯，此布衣之極，我已十分知足了。從今以後，願全棄人間事物，追隨古代神仙而去！」再也不願與聞朝政。

張良、蕭何、韓譬被稱為漢代三傑，三個人的結局卻大不一樣；張良功成身退，蕭何功成身顯，韓信卻功成身誅。三種結局，代表了古往今來所有功臣人生道路不同的最終歸宿。張良是一個偉大的智者。他未必相信神仙、長生等說，之所以要退隱，是基於他對劉邦這類國君的清醒認識。他曾對劉邦直言：「今陛下為天子，而所封皆蕭、曹故人所親愛，而所誅皆生平所仇怨。」以一個韓國的後裔，足智多謀，一言而退百萬之師，劉邦能容下他嗎？所以他見機而作，適可而止，及早抽身。司馬光因此稱讚他「明哲保身」。

據說，賭場上的人有這麼一種心態：贏家越贏越想贏，恨不得將別人的錢財全都據為己有。殊不知，結果可能輸個精光。官場上的許多人也有類似的心態及遭遇：官職越高還要高，恨不得作到皇帝才罷休。給果卻可能身死名滅。這種人的失敗在於不懂得適可而止，不懂得知足常樂。

5 玉不能碎，瓦也要全

有一種人固守「寧為玉碎，不為瓦全」的觀念，結果弄得玉也碎，瓦也不全。如果是為了顧全大局，為了更高遠的目標，那麼，你為什麼要生氣？忍是傳家寶，忍為天下先。身為現代人，應該把握時機，但不可貿然行動。把握住時機，才能由弱變強，由小變大。如果不知把握時機，非得棄弱逞強，到時非但不能實現自己的目標，反而會輸個一塌糊塗。

歷來成功的從政者都知道：能忍者方能伺機待時，等到自己有足夠的力量與對手抗爭時再猛地反擊，一戰而勝。這樣玉不碎，瓦也全，何樂而不為？

宋代蘇洵曾說：「一忍可以制百辱，一靜可以制百動。」就是說，忍的作用足可抵抗千軍萬馬。即所謂「忍小謀大」。

齊國去攻打宋國。燕王為表示聯盟之意，也派張魁為使，率燕國士兵去幫助齊國。齊王卻殺死了張魁。燕王聽到這個消息，非常氣憤，連忙召來手下文武官員，說：「我要立即派兵去攻打齊國，為張魁報仇。」

大臣凡繇一聽，勸諫道：「從前以為您是賢德的君主，所以我願意追隨您的左右。現在看來，是我錯了。所以我希望您允許我棄官歸隱，不再作您的臣子。」燕昭王迷惑不解地問道：「這是為什麼？」凡繇回答：「松下之亂，先君被俘，您對此到非常痛苦，卻仍能侍奉齊國，是因為力量不足啊！如今，張魁被殺，您卻要去攻齊國，這不是把張魁看得比先君還重嗎？」燕王問計：「那我該怎麼辦？」凡繇回答：「請大王穿上喪服，離開宮室，住到郊外，派遣使臣到齊國，以客人的身分去請罪，說：『這都是我的罪過。大王您是賢德之君，燕國的使臣被殺，是我國選人不慎啊！希望能夠讓我再派使臣請罪。』」

燕王聽從了凡繇的建議，又派一個使臣出使齊國。

使臣到達齊國，正逢齊王舉行盛大的宴會，參加宴會的近臣、官員、侍從很多。齊王讓燕國使臣進來稟告。使臣說：「燕王非常恐懼，特派我來請罪。」使臣說完，齊王甚為得意，又讓他覆述了一遍，藉以向近臣、官員、侍從炫耀。

而後，齊王又讓燕王搬回宮室居住，表示寬恕了他。燕王委屈求全，為攻打齊國創造了時機和條件。其後，他在一大批賢才盡力輔佐下，不斷積極實力，壯大軍威，終於在隨後的濟水之戰打敗齊國，雪洗前恥。如果當時燕王非要逞一時之勇，在沒有做好充分準備的情況下就去攻打齊國，很可能早就成了刀下冤魂了。

《韓非子．喻志》篇中記載了楚莊王的故事。春秋時，楚莊王繼承王位，卻一連三年不認真處理政事。其實他是在不動聲色地瞭解內外情況，調查大臣私下的舉動。後來有個大臣作謎語問莊王：「南方有大鳥，三年不飛，三年不鳴，這是什麼鳥？」莊王答曰：「雖無非，一飛沖天；雖無鳴，鳴必驚人。」果然，不出半年，莊王親自聽政。後遂霸天下，成為春秋五霸之一。

俗話說：「新官上任三把火。」楚莊王的火雖然燒得晚了點，卻能發揮火的最大熱能。假設他一開始為王，就大刀闊斧地進行自己意想中的改革，就等於無的放矢。忠奸不辨，處士不舉，靠誰來為自己出謀劃策，鼎力相助呢？隱忍三年，既體察了國情、民情，熟知天下大事，又能識辨忠奸，去除雜莠，莊王這把火燒得實在夠聰明。

俗語說得好：大丈夫能屈能伸。這話講的是漢時輔佐高祖劉邦稱帝的大將韓信忍受胯下之辱的故事。韓信原是個窮青年，經常背著寶劍在街上閒逛。一天，一個潑皮突然攔住他的去路，對他趾高氣揚的說：「你經常背著寶劍，又長得人高馬大，其實是個膽小鬼。不信，你敢殺死我嗎？如果不敢，那就乖乖地從我的兩腿之間爬過去！」惹得滿街圍觀的人都哄堂大笑。韓信卻若無其事地爬了過去。

劉邦曾經是個三尺布衣，窮得很。等他打敗項羽，自己做了皇帝，身在萬萬人之上，境遇就闊綽多了。不但有人侍候著自己的衣食起居，還有許多天下美女爭相獻色，只想討得他的歡心。打了半輩子的仗，如今美女上門，怎能不怦然心動，享樂一番？但是，如果從此成性，樂此不疲，荒廢朝政，那就是大大的失誤了。各朝各代末期，多半和國君貪圖酒色脫不了關係。

金錢和美女，男人都垂涎三尺，為政的男人更可以輕鬆獲取。但是，萬事都講究一個度。超過一定的度，好事也會變成壞事。如果貪心太盛，對金錢和美女總是如饑似渴，不但不能從中吸取從政的動力，還會消解你的意志力和活力，使你變得頭腦遲鈍，剝蝕了進取心和創造力，慢慢瓦解已得的榮譽和地位。

歷史上，成大事者大多善於控制自己的欲望，掌握自己的心境，約束自己的言行。他們無論受到什麼刺激，多半能保持沈著、冷靜，不致衝動而行。必要時還能節制自己的需要，忍受身心的苦痛和不幸，克制自己的各種消極情緒，表現出高度的忍耐力，在待人接物上做到忍讓克己。

6 關鍵的話，對誰都不能說

劉備小時候心直口快。他家東南有棵五丈高的大桑樹，樹冠的樣子像是皇帝用的車蓋。一次，他和一群小孩在樹下玩當皇帝的遊戲。他指著樹說：「我為天子，當乘此車蓋。」這話碰巧被他的叔叔劉元起聽到了，嚇得急忙捂住他的嘴，怕傳了出去，帶來滅門之禍。

這時候，張角兄弟還沒有鬧起黃巾起義，朝裏雖有宦官、外戚專權亂政，大興黨錮之禍，毒害正直的知識分子，天下基本上還是太平的。天下太平無事，劉備一個小孩就想著做皇帝，你說奇不奇？

劉備被叔父捂了一次嘴，倒捂出了以後的性格——「性寬和，寡言語，喜怒對形於色。」長大以後，他嘴裏就少出實話了，能裝就裝。甚至三顧茅廬，見了諸葛亮，他也是一番無比謙虛與真誠的假話：「漢室傾頹，奸臣竊命，備不量力，欲伸大義於天下，而智術淺短，迄無所就。惟先生開其愚而拯其厄，實為萬幸！」他為什麼不直接說：「備不量力，欲做皇帝，而智術淺短，迄無所就。惟先生開其愚，拯其厄，封你為丞相武鄉侯！」

但假話說多了太悶，有時心情太好了，也不免說出實話。曹操藉著報父仇的名義，去打徐州的陶謙，其實是為了爭地盤。陶謙找孔融求救。孔融兵力不夠，就去請劉備。劉備一聽大名鼎鼎的孔北海也恭恭敬敬地來請自己，忍不住就說了一句：「孔北海知世間有劉備耶？」得意之情溢於言表。

劉備到荊州依劉表，沒幾天就想下手，讓關張趙幾位接管荊州的防務。幸虧劉表的夫人和蔡瑁等警覺，沒讓他得手。劉備只得在新野吃一碗安樂飯。日子長了，髀肉復生。在劉表座上喝醉了，不由得又吐出了實話：「備往常身不離鞍，髀肉皆散；今久不騎，髀裏肉生。日月蹉跎，老將至矣，而功業不建，是以悲耳！」劉表說：「吾聞賢弟在許昌，與曹操青梅煮酒，共論英雄。賢弟盡舉當世名士。操皆不許，獨曰：天下英雄，惟使君與操耳。以曹操之權力，猶不敢居武弟之先，何慮功業不建乎？」劉備乘著酒興，失口答道：「備若有基本，天下碌碌之輩，誠不足論也。」這句實話不要緊，劉表登時就起了戒心。

諸葛亮等人一直勸劉備乘機取荊州、益州作為革命的資本，劉備都以劉表、劉璋是同宗而不肯，坐失良機。看起來，他很顧念同顧的情誼。可有一次，讓龐統問急了，他不由得又說出了實話：「今與吾水火相敵者，曹操也。操以急，吾以寬；操以暴，吾以仁；操以譎，吾以忠；每與操相反，事乃可成。若以小利而失信義於天下，吾不忍也。」

原來不是顧念同宗情誼，而是早已偷偷定下一套收取民心的行為準則，以與曹操競爭。他的寬、仁、忠不是天性使然，而是形勢需要。

劉備在四川，張松陰謀敗露被殺，劉璋和劉備翻了臉。劉備看時機成熟，乾脆撕下面皮，露出猙獰嘴臉，殺了楊懷、高沛，奪了涪關，首戰告捷。晚上和龐統喝酒，一得意，又說出了實話：「今日之會，可為樂乎？」龐統也喝醉了，指責他：「伐人之國而以為樂，非仁者之兵也。」劉備醉中對龐軍師全不客氣：「吾聞昔日武王伐紂，作樂象功，此亦非仁者之兵歟？汝言何不合道理？可速退！」把龐統轟了出去，一覺睡醒了才後悔。

劉備有了兩川做基業，就隨時準備當皇帝。只因漢獻帝還在，不能明目張膽，就先自封了一個漢中王。

曹丕篡漢，獻帝劉協被貶為山陽公，受到曹家優待，一直平安活到老。劉備的機會可來了，立即做了皇帝，說是續漢統。《三國演義》的作者羅貫中在這裏都沒能秉筆直書劉備的行徑，反而做了很多掩護，說是百官推舉，劉備反覆推讓。有幾句話是：「孤豈效逆賊所為！」、「孤雖是皇帝之孫，並未有德澤以布於民；今一旦自立為帝，與篡竊何異！」最後不得已，才聽了群臣的意見。「國不可一日無主嘛！」

劉備是個英雄。在三國群雄並起的時代，他一個平民出身，賣過草鞋、草蓆的走市販卒，能夠憑兩隻空拳，屢敗屢戰，爭得天下一席之地，確是不凡。

7 幽默是最好的擋箭牌

幽默是只有聰明人才能駕馭的語言藝術，而自嘲又被稱為幽默的最高境界。能自嘲的人必是智者中的智者，高手中的高手。自嘲是缺乏自信者不敢使用的技術，因為它要你自已罵自己，需要一張厚臉皮。也就是要拿自身的失誤、不足，甚至拿生理缺陷開刀，對醜處、羞處不予遮掩、躲避，反而把它放大、誇張、剖析，然後巧妙地引申發揮，自圓其說，博得眾人一笑。

沒有豁達、樂觀、超脫、調侃的心態和胸懷，無法做到。可想而知，自以為是、斤斤計較、尖酸刻薄的人必定難以望其項背。自嘲，誰也不傷害，最為安全。你可用它活躍談話的氣氛，消除緊張；在尷尬中自找台階，保住面子；在公共場合喚起人情味；在特別情形下含沙射影，刺一刺無理取鬧的小人。

人際交往中，在人前蒙羞，境處尷尬時，用自嘲對付，不僅很容易找到台階，而且可產生幽默效果。所以，自我解嘲，是一種很高明的脫身手段。

古代有個石秀才，一次騎驢，不慎摔在地上。處此境遇，一般人一定不知所措，這位石秀才卻不慌不忙地站起來說：「虧我是石秀才，要是瓦的，豈不摔成碎片？」一句妙語，逗得在場的人哈哈大笑。自然，這石秀才也在笑聲中免去了難堪。

與此相似，胖子摔倒了，可以說：「如果不是這一身肉托著，還不把骨頭摔折了？」換成瘦子，就可以說：「要不是重量輕，這一摔就成了肉餅啦！」

自嘲時對著自己的某個缺點猛烈開火，容易妙趣橫生。就這份氣度和勇氣，別人必不會讓你孤獨自笑，總會陪你笑上幾聲。

某人要出國進修。他的妻子半開玩笑地說：「你到那個花花世界，說不定會看上別的女人呢！」他笑道：「你瞧瞧我這副尊容：瓦刀臉，羅圈腿。站在路上，怕是人家眼角都不撩呢！」一句話把妻子逗樂了。人人忌諱提自己長相上的缺陷，這位先生卻能夠接受自己的先天不足，並不在意揭醜。這樣的自嘲體現了一種人生智慧，比一本正經地向妻子發誓決不拈花惹草，其效果不是更好嗎？

當你陷入尷尬的境地，借助自嘲，往往能使你順利脫身。

在一次招待會上，服務員倒酒時，不慎將啤酒灑到一位賓客那光亮的禿頭上。服務員嚇得手足無措，全場人目瞪口呆。這位賓客卻微笑地說：「姑娘，你以為這種治療方法會有效嗎？」在場的人聞聲大笑，尷尬局面即刻被打破了。這位賓客借助自嘲，既展示了自己的大度，又維護了自我尊嚴，消除了恥辱感。

適時適度地自嘲，不失為一種良好的修養，能製造寬鬆和諧的氣氛，使自己活得輕鬆灑脫，使他人感到你的可愛和人情味，還能更有效地維護自己的面子，建立新的心理平衡。

人際交往中，身在高位者或明星大腕與人打交道，容易讓人感到有架子。可能是因為他們過於緊張、有壓力，也可能是還沒有摸著與普通人相處的竅門。通常而言，開開自己的玩笑，可以緩解壓力，還能讓一般人覺得你有人情味，和普通老百姓一樣，從而讓人心裏舒坦。

當然，自嘲不是自我辱罵，出自己的醜。在此要把握分寸。學會適當地自嘲，往往可以使自己說話變得有趣。因此，真正的厚黑高手會笑自己，也鼓勵別人和他一起笑。笑自己的長相或做得不甚漂亮的事，會使你顯得較有人性。如果你碰巧長得英俊或美麗，就笑笑你的其它缺點。如果你真的沒有什麼缺點，就虛構一個。缺點通常不難找到。

一位大學足球隊的教練，有人向他問起某位明星球員。這位教練說：「他是大四學生，很不錯的球員。但他有一個缺點，就是他已經大四了。」

如果你的特點、能力或成就可能引起他人的妒忌甚至畏懼，那就試著去改變這些不好的看法。比如可以說一句妙語：「世上沒有一個人是完美的，我就是最好的例子。」你以取笑自己，和他人一起笑，會幫助他人喜歡你，尊敬你，甚至敬佩你。

不管你是大人物還是小人物，自嘲都能讓你大受歡迎。大人物自嘲，可以減輕他人的妒意，獲得好名聲。小人物自嘲，可以苦中作樂，贏得好人緣；甚至由此一夜之間成為笑星也未可知。

人不自嘲，顯得小氣。豁達是幽默中蘊含的一種重要品質。

豁達往往意味著超脫，但又尚未發展到虛無。所以，它仍是一種積極因素，一種美好的人性表現。心胸狹小、斤斤計較及頑固不化的死心眼是豁達豪放的大敵，因而，他們在智者的幽默中常常受到諷刺和挖苦。

需要特別指出的是：自我嘲諷時要超脫，不應尖刻或感到屈辱。嘲笑自己的缺點和愚蠢，是幽默的最高境界。然而，伴隨著這種嘲笑的情緒是不同的。如果我們尖刻地嘲笑自己，覺得我們犯了愚蠢的錯誤，活該受到懲罰，那我們只會感到屈辱。因為這種態度背後的潛意識就是相信我們應該比實際的遭遇更好。這樣的人生態度正是超脫的障礙。唯有內心充滿了愛，嘲笑自己，才能達到和藹可親的超脫。

8 自己罵自己最安全

以自身作為幽默的目標，你可以在傳達信息、表達看法時避免攻擊到別人。在即興演講中，演講者適時、適度地自我解嘲，是高度智慧的表現。演講者可以藉此「潤滑」自己與聽眾的關係，增加演講的趣味。

一位名人過七十大壽，對到場者說：「諸位來為我祝禱，不外要我多做幾年事。我活到了70歲，總覺得過去69年都做錯了。要我再活幾年，無非要我再做幾年錯事咯！」賓客一聽，哄堂大笑，整個宴會充滿了歡聲笑語。試想，如果他擺出一副嚴肅相，一本正經地致答謝辭，哪能造成這樣輕鬆愉悅的氣氛。

不過，使用自我解嘲這種「潤滑劑」，要注意場景和情勢。在嚴肅的場合或悲痛的氛圍中，就不宜用這種引人發笑的技巧。

一、坦誠地調侃自己，可以緩解緊張情緒。

一部電影裏有一個這樣的鏡頭：相親時，其中一方正想說話，恰好對方也要開口，弄得兩個人尷尬異常，只好把正要說出口的話咽回去。停頓了一會兒，兩人又同時開口……反覆出現這種尷尬的情形。那位看起來好像既斯文又誠實的男士為了打破僵局，半開玩笑地說：「我們倆好像連呼吸都一致啊！」聽了這句話，不但女主角忍俊不禁，大家也輕鬆起來，一場會面終得以順利進行。

與人初次見面，會感到緊張，這很自然。問題是，如果對初次見面考慮過多，緊張感就會加重。為了避免這種情形發生，將自己緊張甚至失敗時的情形說出，自我嘲笑一番，是一種可行的方法。例如，有人一說：「你瞧！我一緊張就像酒精中毒一樣，手不斷發抖，真沒辦法。」手反而不抖了。

二、大膽自諷，可顯示自信，維護面子。

有時你陷入難堪是由於自身的原因所造成，如外貌的缺陷、性格的缺點、言行的失誤等等。自信的人較能維護自尊，自卑的人往往陷入難堪。對影響自身形象的種種不足之處大膽巧妙地加以自嘲，能出人意料地展示你的自信，在迅速擺脫窘境的同時，顯示你瀟灑不羈的交際魅力。比如你個子矮，可以說「海拔不高」，濃縮的都是高科技；又如外表醜陋的你找了一個她，不妨說：「我很醜，但我很溫柔。」即便你如劉墉一樣，背上扣了個小羅鍋，也不妨說，你是背彎人不弓。

自我解嘲是最高層次的幽默。如果你能結合具體的交際場合和語言環境，把自己的難堪巧妙地　進話題並引出富有啟迪意義的道理，更是妙不可言。

三、自我嘲弄，可表示豁達，增加人情味。

笑自己的長相或笑做得不很漂亮的事，會給人一種和藹可親的感覺。

一次，一位大學士到親戚家過中秋節。剛進門就發現一本好書，便專心讀起來，邊讀邊用毛筆批點。主人幾次催他吃飯，他都不去，就把粑和糖端來。他邊讀邊吃，竟把粑伸進硯臺裏蘸上墨汁，直往嘴裏送。親戚們見了，捧腹大笑。他卻說：「吃點墨水沒關係，我正覺得自己肚子裏墨水太少哩！」

總之，在社交場合，自嘲是不可多得的靈丹妙藥。別招不靈時，不妨拿自己開涮。至少自己罵自己是安全的。除非你指桑罵魂，一般不會討人嫌。

貝利在一家大公司的運輸部門負責文書工作。後來，這家公司被另一家大公司合併了。貝利在人事變動的波流中沈浮不定。新來的同事似乎對他不大友善，直到有一天，他運用了自嘲。「他們可不敢先把我革職。」他解釋說：「在這家公司，不論什麼事，我都遠遠落在人後。」

貝利以取笑自己，使他的新同事和他一起笑，並幫助他建立友善合作的共事關係。如果貝利這一句妙語真的顯示他確有將今天的工作拖延到明天的惡習，這也提醒他，使他更能自我瞭解。他以自我諷刺，客觀地檢討自己的毛病——愛拖延，從而在往後改進自己的表現，因而獲得了成功。

傳說，希臘哲學家蘇格拉底的妻子是個潑婦，常對他發脾氣。蘇格拉底總是對旁人自嘲道：「討這樣的老婆好處很多，可以鍛鍊忍耐力，加深我的修養。」一次，老婆又發起脾氣，大吵大鬧，很長時間還不肯罷休。蘇格拉底只好退避三舍。他剛走出家門，那位怒氣難平的夫人突然從樓上倒下一大盆水，把他澆成了落湯雞。這時，他卻不慌不忙地說：「我早就知道，響雷過後必有大雨，果然不出我所料。」

顯然，蘇格拉底有些無可奈何。但他的自嘲使他從這一窘境中超脫出來，顯示了他極深的生活修養。

9 爬得越高，摔得越慘

某些人有一種虛榮心理，一旦居高位，享富貴，便極盡表現之能事，處處顯耀，不可一世，大有天下獨尊之勢。殊不知樹大招風，這樣炫耀，可能為自己招來，甚至慘遭滅頂，不論你處於何種職位，絕不可為了權勢而不顧一切，或是只知享樂，不求上進。

清末曾國藩，為人處事極為謹慎，恐位高而招來禍患，有感於歷史上無數的經驗教訓，他總是反覆囑咐他的兒子曾紀澤要謹慎行事，甚至於大門外不可掛相府、侯府這樣的扁額。他說：「余嘗謂享名太盛，必多缺憾，我實近之；聰明太過，常鮮福澤，爾頗近之；順境太久，必生波折，爾毋近之。」並說：「惟聖眷太隆，責任太重，深以為危，知交有識者亦皆代我危之。只好刻刻謹慎，存一臨深履薄之想而已。」這番話有種「高處不勝寒」的感覺，也充分體現了他的謹慎。他認為，作高官者須時時避免鋒芒外露，以免招致無端的災禍。

有些為政者，身居高位，卻絲毫不以為危，極盡奢華之能事，只想著如何吃喝玩樂，養尊處優，連一點兒危機意識都沒有，從未想過失勢之後該如何。商紂王就是一個很好的例子。

本來商紂王也可以稱得上是一位聰明的君主，他身邊也圍繞著比干、聞仲等一批文武能臣。但自從奸臣費仲、尤渾接近他的身邊以後，他便開始了荒淫無度、奢侈糜亂的生活。

妲己的進宮，是促使商紂走上毀滅之路的一個重要因素。

這妲己生得十分妖媚，又懂得討君王歡心，整日軟語溫存，把個商紂王迷得神魂顛倒，整日尋歡作樂，不理朝政。妲己不僅媚惑君心，且心地十分狠毒。她一心想當皇后，便不擇手段，設計陷害溫婉賢淑的姜皇后，使姜皇后含冤慘死。紂王不顧多年的夫妻之情，只聽信妲己的一面之詞，真是愚蠢至極，荒淫無道。

這妲己終於如己所願，當上了正宮皇后。她把原來侍奉姜皇后的婢女都調到自己跟前。誰知那些宮女都為姜皇后的冤死心痛欲絕，對妲己痛恨無比，故終日鬱鬱寡歡，從未展露過笑顏。

妲己心知肚明，便苦思冥想，要設法除掉這群宮女，以顯示自己的威風。這一日，她終於想出一條毒計。她對紂王說：「大王，臣妾一直想為國家效一點力，但妾身乃一介女流，不宜參與政事。臣妾最近想到一條計策，能幫您嚴肅法紀。」

「哦！愛妃有何良策，快說來讓寡人聽聽。」此時，紂王早已對妲己言聽計從，毫無是非之心。

「大王，您可不要笑話我哦！我想造一個盆，專門懲治那些奸臣、小人。」妲己目露凶光，惡狠狠地說。

「唔！那是什麼盆呀？」紂王不知妲己的兇惡之心，依然興致勃勃地問道。

「我想造個池子，裏面放滿毒蛇、蠍子，不用餵食，誰犯了過錯，只要推入池中即可。」這番話讓妲己笑咪咪地說出來，更顯得恐怖不已。

紂王一聽，心中也是一驚。但他想討妲己的歡心，也顧不上別的了，高興地說：「愛妃冰雪聰明，真是寡人的賢內助呀！」

旁邊的侍女聞聽此言，不由得都心驚膽顫，冷汗直流。

不幾日，蠆盆便已造好。只見池中蛇蠍來回爬動，令人心顫不已。此時，妲己對紂王說：「大王，您不知道，那些宮女，整日哭喪著臉，不把臣妾放在眼裏，眼裏只有姜皇后一個人。您可要為臣妾做主呀！」說完眸中含淚，小嘴一嘛。

紂王一見，忙說：「愛妃，別生氣，待寡人整治她們！」

「那您打算怎麼處置她們？」

「這……寡人還沒有想好。」

「大王，不如把她們扔下蠆盆，試試蠆盆的威力！」

「好，就依愛妃的。」

「謝大王！」妲己兇相畢露：「來人，把這些賤婢一個個地扔到蠆盆裏去。」此言一出，眾侍女驚得目瞪口呆。一位宮女氣憤不已，衝上前，憤怒地指指責道：「蘇妲己，你這個害人精，媚惑大王，你不得好死？」

妲己聞聽此言，再也按捺不住胸中怒火，手一揮。兩名武士走上前。她咬牙切齒地說：「先把這賤人給我扔下去！那些蛇蠍正餓得慌呢！」

兩名武士抬起那名宮女，扔到池中。不消片刻，那名宮女身上便爬滿了蛇蠍，只聽得陣陣哀嚎傳來。不一會兒，那名宮女就斷了氣，成了毒蛇、蠍子的腹中物。其他宮女見此情景，紛紛觸柱身亡。一時間天地變色，無言地哀訴這慘無人道的行為。

妲己見此情景，勝利地笑了，鑽到紂王懷裏：「大王，您看這盆好不好？」

「好！果真威力無比。」這昏庸的國君已全然喪失人性。

妲己的這種兇殘的行為在紂王支持下，演變得更加激烈，一個個忠臣被陷害致死。不久，戰亂四起。最後，周武王帶兵伐商滅紂，結束了這個昏君的一生。

10 居安思危，當退則退

居高位而能時常自省，注意自己的行為，即能保全自己，又能尋找不足，向更好的方向發展。

當退則退——也是哲人所欣賞的一種明智之舉。

清代名臣曾國藩可說得上是深知官場沈浮的人，他在家信中一再告誡家人：「大富大貴亦靠不住，惟勤儉二字可以持久……不居大位享大名，或可免於大禍……家中新居富宅，一切須存此意，莫作代代做官之想，須作代代做士民之想……余自揣精力日衰，不能多閱文牘，而意中所欲看文書又不肯全行割棄，是以決計不為疆吏，不居要位，兩三日內，必再專疏懇辭……」儘管他的辭職沒有得到清廷的允許，但我們可以從信中看出他的確深深懂得「當退則退」的道理。

然而，有很多人卻看不到這一層，一味地想求高官、享厚祿。歷史上不乏因居功自傲或不甘寂寞，招來殺身之禍的名將。

韓信為劉邦打下江山，感到自己地位的動搖，遂進一步挾兵自恃，求封假王。

劉邦聽張良之勸，說：「大丈夫要封就封真王！」果真給韓信封了王。而後偽稱遊雲夢，騙韓信迎接，隨後逮捕。

這就是未能認清形勢，該退不退，為自己招來殺身之禍的典型例子。

在科技日新月異的今天，很多人往往被事物的表象所迷惑，看不清形勢，高估自己的能力，以至於該退時卻無路可退。

有些為官者，到了暮年，本應退居二線，卻不願面對退休的寂寞，死抱住宮位不放。其實，他們只是不習慣退下後的清閒，以為退了以後，便會無所事事，日子很難熬。卻不知，退下後，也是另一種人生的境界，種種花草，養養魚，唱唱歌，到處旅遊，好好享受各種樂趣，也非常愜意。

當退則退，是明智之舉，哲人推崇備至的處世之道。它需要你認清時勢，不要為了逞一時之能，把事情做到極至，以免招來滅頂之禍。奉勸身為領導之人，正確地評價自己的能力，根據實際情況，當進則進，該退則退，千萬不要違背客觀規律，追求一些遙不可及的東西，白白浪費了時間和精力。

11 欲求一尺，先要一寸

求人幫忙，要求可先提得很高，結果對方可能會因為沒幫上你的大忙而內疚，進而較易答應你較小的要求；或者循序漸進，從讓他做小事開始，過渡到幫大事。待他對你已有好感，就會養成對你說是的習慣。先高後低，可造成你大步退讓的假象；由小到大，對方就無法察覺你「先得寸後進尺」的真正意圖。

人們在跨過門檻，登上台階時，都會高抬腿，低落步。這種近於本能的習慣，應用在社交中，卻是個很巧妙的退讓方法。具體來說，是用大要求製造退讓的假象，從而達到較小的要求。

日常生活中，我們常使用這種方法。比如要讓貪玩的孩子每天回家只看一小時電視，你不妨說，只允許他看半小時，他再三要求下，你只好答應他一小時，他便不會再鬧了，因為你已經讓過步了。再比如在市場上，貨主往往把商品的價格標多了一兩倍，這樣他可以慢慢讓到他的正常價值。如此一來，買的人覺得占了不少便宜，就很容易掏錢。這種做法可能有些詐偽，可人們的心理已經習慣如此：不管你真的讓步與否，你得讓他感到你已經讓了很大的步。

這個道理反過來用，也可以成為「欲求一尺，先要一寸」的退讓法。比如你若需要他人提供較多的幫助，不妨採用「登門檻」技術，即先請對方給你小的幫助，然後拾階而上，要求他幫助解決更大的問題。

社會心理學家弗利德曼和費拉瑟對「登門檻」技術曾做過一番實際的調查研究。他們先挨家挨戶找主婦在一份所謂「安全駕駛請願書」上簽名。幾乎所有的主婦都答應了這項不費多少心力的要求。幾天後，他們又要求這些主婦答應在她們的私人庭院裏立一塊不太美觀的大牌子，上書「謹慎駕駛」。結果有50％以上的主婦同意了。而另一組被直接要求立牌的主婦中，只有極少數人接受了這一建議。

前者為何比後者多呢？心理學家的解釋是：同意提供小的幫助人等於給自己提供了這樣一種自我感覺：自己是個樂於助人的人。接著，她們就會以一種與這種自我感覺相一致的方法行動，進而做了更多的奉獻。答應了「一寸」之後，他就會養成對要求者說是的習慣，對要求者「一尺」的目標也很難覺察。

如果最終達不到目標，我們則應該抱著「一尺不行，五寸也可以」的態度，及時調整我們的期望值，適當讓步，讓事情向好的一面轉化。

你若硬是堅持某人必須接受你的意見、觀點，對方由於種種原因，難免產生抵觸心理，從而全盤否定你的意見。退讓的奧妙就在於對方提出反對意見時，及時退一步，使對方感覺到你尊重他的意見，虛榮心得到滿足，從而達到說服他的目的。

比如有人提議在房子的牆上開一個窗口，勢必遭到眾人的反對。如果他提議把房頂掀掉，眾人則會退讓，同意開口窗口。這種心理現象普遍存在。我們可以利用這種心理，達到勸說別人接受意見的目的。

在社會活動中，由於人都有堅持己見的頑固性，因此，為了「適得其中」，就必須提出一個更高的目標，而後做出妥協、退讓的姿態，使對方的自尊得到滿足，你的目的也就可以達到了。

12 以退讓開始，以勝利告終

以退讓開始，以勝利告終。這是人情關係學中不可多得的一條錦囊妙計。你先表現得以他人的利益為重，實際上是在為自己的利益開闢道路。在做有風險的事情時，冷靜沈著地讓一步，才能取得絕佳效果。

成功的第一步，便是讓自己的利益和意圖絲毫不露，讓對方因為你能投其所好而情願為你做事。

尊重並突出別人的觀點和利益，這是我們和他人合作時最有力的法寶。一般人常常不能正確地使用這一法寶。我們若過分強調自己的需要，別人對此即便本來有興趣，也會改變態度。

你必須明確，要一個人做任何事，惟一的方法就是使他自己情願。同時，還必須記得，人的需要各不相同，每個人有各自的癖好和偏愛。你必須認真探索對方的真正意向，特別是與你的計畫有關的，然後依照他的偏好去對付他。你首先應當讓自己的計畫去適應對方的需要，然後你的計畫才有實現的可能。

說服人，最基本的要點之一，就是巧妙地誘導對方的心理或感情，使他就範。如果說服的一方特別強調自己的優點，企圖使自己占上風，對方反而會加強防範之心。所以，應該注意先點破自己的缺點或錯誤，暫時使對方產生優越感。而且，注意不要以一本正經的態度表達，才不致讓對方乘虛而入。

有些被求者以為幫了人，有恩於人，心理上不自覺地就產生優越感，甚至對求助者數落一番。你發現自己可能被人指責，不妨先數落自己一番。對方見你已承認錯誤，便不好意思再指責你了。

約瑟夫是美國有名的礦冶工程師，當年他畢業於牛津大學，又在德國的布萊梅大學拿到了碩士學位。可是，當他帶齊了所有文憑去找美國西部的大礦主斯特朗時，卻遇到了麻煩。

這位大礦主是個脾氣古怪又很固執的人，他自己沒有文憑，所以也不相信有文憑的人，更不喜歡那些文質彬彬，專講理論的工程師。他很不禮貌地對約瑟夫說：「我之所以不想用你，就因為你曾經是德國布萊梅大學的碩士，腦子裏裝滿了一大堆沒有用的理論。我可不需要什麼文縐縐的工程師！」

聰明的約瑟夫一聽，不但沒有生氣，反倒心平氣和地回答：「假如你答應不告訴我父親，我要告訴你一個祕密。」斯特朗表示同意，於是約瑟夫低聲道：「其實我在德國的布萊梅並沒有學到什麼，那三年就好像是稀里糊塗地混過來一樣。」

斯特朗一聽，笑嘻嘻地說：「好，明天你就來上班吧！」

就這樣，約瑟夫運用了以退為進的策略，輕易地在一個非常頑固的人面前通過了面試。也許有人認為約瑟夫做得不合適。問題是，約瑟夫的學識如何，不在於他自己的評價。他就是把自己的學識抬得再高，也不會使自己真正的學識增加一分一毫。反過來說，他自貶得再低，也不會使自己的學識減少一分一毫。

美國著名的政治家帕金斯三十歲那年就任芝加哥大學校長。有人懷疑他那麼年輕，是不是能勝任大學校長的職位。他聽到後，只說：「一個三十歲的人所知道的是那麼少，需要依賴他的助手兼代理校長的地方是那麼多。」就這麼短短一句話，使那些原來懷疑他的人一下子就放心了。

一般人遇到這種情況，往往喜歡儘量表現出自己如何比別人強，或者努力證明自己有何特殊才幹。然而，一個真正有能力的領袖是不會自吹自擂的。所謂『自謙則人必服，自誇則人必疑』，就是這個道理。

「讓步」其實只是暫時退卻。為了進一尺，有時候就必須先退讓一寸；為了避免吃大虧，就不應該計較吃點小虧。

退讓法則之一是：表面上做出讓步，實際上暗中進了一步。即所謂：「換湯不換藥，還是老一套。」也同於「新瓶裝舊酒」：雖然換了瓶子，也向對方讓步了，可酒還是老酒。

有一次，世界著名的滑稽演員侯波在表演時說：「我住的旅館，房間又小又矮，連老鼠都是駝背的。」

旅館老闆知道後十分生氣，認為侯波詆毀了旅館的聲譽，要控告他。

侯波決定施巧計，既堅持了自己的看法，又可避免不必要的麻煩。於是，他在電視臺發表了一個聲明，向對方表示歉意：「我曾經說過，我住的旅館房間裏的老鼠都是駝背的。這句話說錯了。我現在鄭重更正：那裏的老鼠沒有一隻是駝背的。」

「連老鼠是駝背的」，意在說明旅館小而矮；「那裏的老鼠沒有一隻是駝背的」，雖否定了旅館的小和矮，卻還是肯定了旅館裏有老鼠，而且很多。

侯波的道歉，明是更正，實是批評旅館的衛生，不但堅持了先前的所有看法，且諷刺程度更深刻有力。

有個名叫艾爾弗雷德的學生，因為能寫點詩，在學校小有名氣。一天，他在同學面前朗誦自己的詩。同學辛吉斯說：「艾爾弗雷德的詩，我非常感興趣，它是從一本書裏偷來的。」艾爾弗雷德非常惱火，要求辛吉斯當眾向他道歉。

辛吉斯想了想，答應了。他說：「我以前很少收回自己講過的話，但這一次，我認錯了。我本來以為艾爾弗雷德的詩是從我讀的那本書裏偷來的，但我到房裏翻開那本書一看，發現那首詩仍然在那裡。」

兩句話表面不同：「艾爾弗雷德的詩是從我讀的那本書裏偷來的」，是指艾爾弗雷德抄襲了那首詩：「那首詩仍然在那裏」，指的是被艾爾弗雷德抄襲的那首詩還在書中。意思沒變，而且進一步肯定了那首詩是抄襲的，嘲諷和揶揄的程度更深了一層。

運用「舊酒裝新瓶」，要有明確的目的。論辯之技法是為論辯的目的服務的。運用「舊酒新瓶」法，其意圖是在局勢不利的情況下靈活機動地換一個角度，進一步堅持自己的立場和觀點。如果背離了論辯的主旨，就會變成純技巧性的東西，流於語言遊戲，那就失去了價值與意義了。

「舊酒」裝「新瓶」，「裝」法要巧。「舊酒」裝「新瓶」，其「裝」法很多，關鍵卻只在於一個「裝」字。以上幾例均很巧妙。侯波否定了旅館的小和矮，卻還是肯定了旅館有老鼠，而且很多，衛生條件差，只不過巧妙地轉換了一個角度。辛吉斯卻是巧換同義詞句。同義詞句是意思相同或相近的一組詞句，詞句雖異，但含義相同或接近。巧換同義詞句，就能達到「舊酒」裝「新瓶」的目的。辛吉斯前後兩句話均表達了同一個意思，而後一句諷刺意味更濃。

這種方法的妙處很多。它可以以假掩真、反語正說、虛實不定，的確是令對手難以捉摸、防不勝防的高超技術和策略。

〈全書終〉

國家圖書館出版品預行編目資料

聰明人為什麼老幹傻事／方東野校訂-- 初版--
新北市：新潮社文化事業有限公司，2023. 06
面；　公分
ISBN 978-986-316-881-2
1. CST：成功法　2. CST：生活指導

177.2　　112005549

聰明人為什麼老幹傻事
方東野　校訂

主　　編　林郁
企　　劃　天蠍座文創製作
出　　版　新潮社文化事業有限公司
發 行 人　翁天培
電話 02-8666-5711
傳真 02-8666-5833
E-mail：service@xcsbook.com.tw

印前作業　東豪印刷事業有限公司
印刷作業　福霖印刷有限公司

總 經 銷　創智文化有限公司
新北市土城區忠承路 89 號 6F（永寧科技園區）
電話 02-2268-3489
傳真 02-2269-6560

初　　版　2023 年 12 月